AF280718

Ruta lingüística por la ciudad de murcia y mucho más...

Herminia Provencio Garrigós
Miguel Ángel Puche Lorenzo (col.)
Mercedes Abad Merino (col.)
Esther Vivancos Mulero (col.)

RUTA LINGÜÍSTICA POR LA CIUDAD DE MURCIA Y MUCHO MÁS...

Índice general

Localización de los nueve puntos de la Ruta lingüística. ©MURliNG

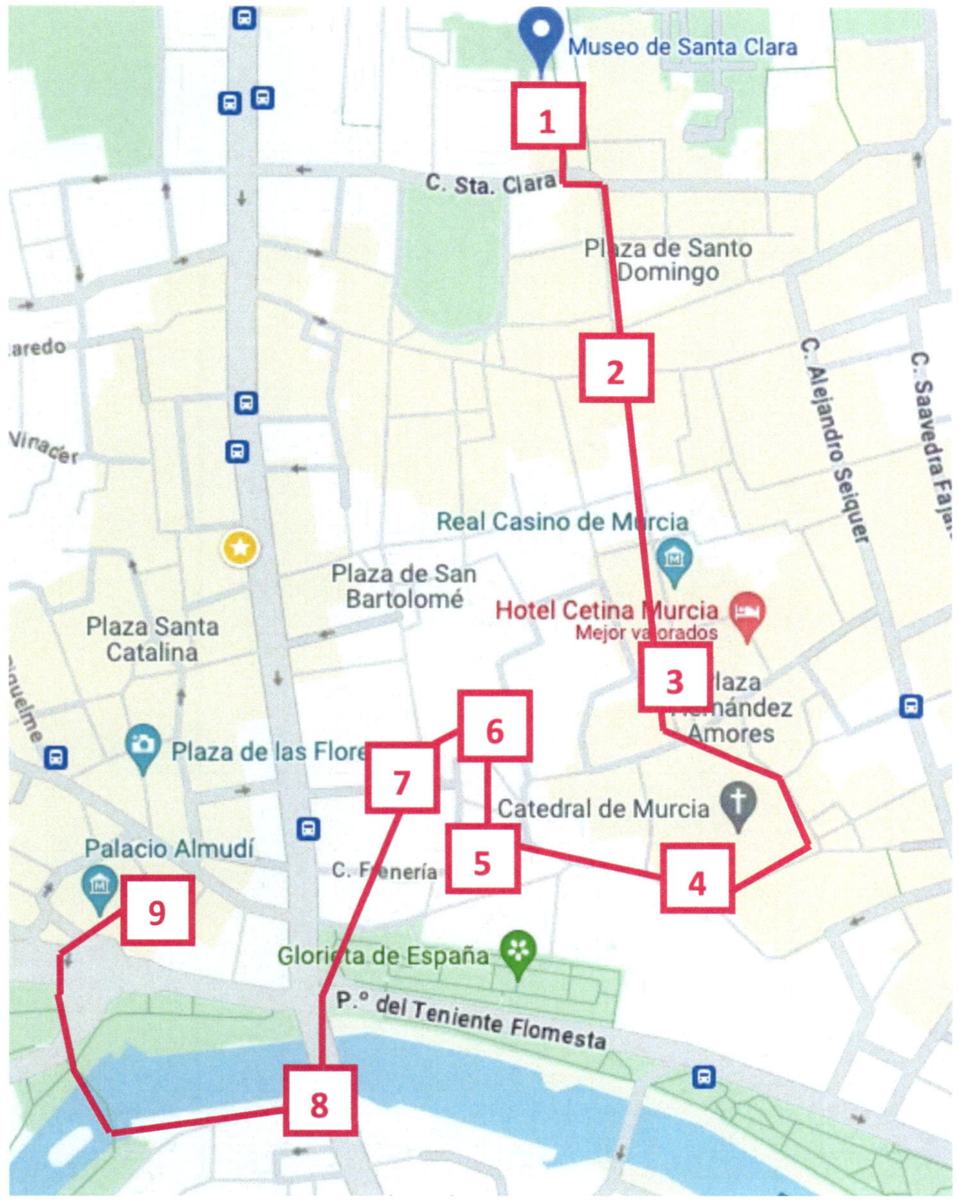

Bienvenida

Fotografía 1: Vista de la torre de la Catedral de Murcia desde la Plaza de los Apóstoles. ©MURliNG

La **Ruta lingüística por la ciudad de Murcia** (UMURliNG), realizada por el Grupo de Transferencia *Murcia lingüística* (MURliNG) de la Universidad de Murcia, invita a vivir una experiencia distinta a las propuestas turísticas habituales.

Con una **mirada científica**, se combina **cultura** y **turismo** para descubrir el patrimonio filológico —sobre todo, léxico— que la ciudad muestra y esconde a sus habitantes y visitantes en su **paisaje lingüístico**, que, tal y como escribieron Landry y Bourhis (1997: 25), es

The language of public road signs, advertising billboards, street names, place names, commercial shop signs, and public signs on government buildings combines to form the linguistic landscape of a given territory, region, or urban agglomeration.

[El lenguaje visible de las señales de la vía pública, las vallas publicitarias, los nombres de las calles, los nombres de los lugares, los letreros de las tiendas comerciales y los letreros públicos en los edificios gubernamentales se combinan para formar el paisaje lingüístico de un determinado territorio, región o aglomeración urbana].

En el paisaje lingüístico de la ciudad de Murcia se superponen diferentes épocas, lenguas y culturas; por ese motivo, es muy rico y variado, tal y como se mostrará a lo largo de las páginas de esta publicación.

Murcia fue en el pasado una tierra de frontera, transición y asentamiento de personas que hablaban árabe, castellano, catalán, aragonés... En el transcurso de su historia, las calles y barrios del núcleo urbano han acogido una diversidad social, cultural y económica que fue conformando, entre otros muchos aspectos, un paisaje lingüístico singular, que era reflejo de una identidad.

La ruta está diseñada para que las personas que no puedan hacerla la imaginen leyendo el texto y viendo las imágenes e ilustraciones que le acompañan.

Esta ruta ha sido financiada por el Vicerrectorado de Transferencia, Comunicación y Divulgación Científica en el marco de la Convocatoria de actividades para el Fomento de la Transferencia de la Universidad de Murcia (Modalidad B, 2023).

MURliNG desea que esta ruta complazca a quienes la realicen; además, el buen tiempo del que goza la ciudad persuade a pasear por sus calles, plazas y rincones históricos y actuales.

Índice de contenidos

Presentación

Fotografía 2: Vista panorámica del río Segura a su entrada en la ciudad de Murcia.
Al fondo se encuentra la pasarela de Manterola y la torre de la catedral.
©MURliNG

La ruta tiene **9 puntos**, que recorren el centro de la ciudad. **Inicia** su andadura dentro de la muralla islámica del siglo XII, a la altura del paseo Alfonso X el Sabio; continúa dirección sur hacia extramuros; cruza el río Segura por el puente más antiguo de la ciudad (el Puente de los Peligros) y, de nuevo, vuelve a cruzar el río, pero ahora lo hace por la Pasarela de Manterola, hasta llegar al Palacio Almudí, lugar en el que **finaliza**.

El itinerario pasa por lugares emblemáticos de la ciudad (calles y construcciones centenarias y modernas, etc.) con un **paisaje lingüístico visible y oculto** en las fachadas de edificios públicos y privados, esculturas, placas y hasta en el suelo por el que se camina.

Fotografía 3: Vista del río Segura y del puente de Los Peligros. ©MURIiNG

■ ¿Qué es el paisaje lingüístico?

El **paisaje lingüístico** es el texto que se observa, se lee o se esconde en

paredes, suelos, carteles, etc.;

comunica, prescribe, homenajea, rememora o transmite

hechos históricos; efemérides; acontecimientos relevan-
tes para la ciudad; personajes ilustres preocupados por
el castellano, el murciano o por otras lenguas o variedades del español, que han dejado sus huellas en la toponimia menor, en el vocabulario gastronómico, etc.

Y lo que es más importante para el objetivo de esta ruta, también dice
cómo se escribía en épocas pasadas:

qué grafías se usaban y hoy permanecen o han sido susti-
tuidas por otras; qué rasgos fónicos (de la pronunciación)
se manifiestan en la escritura, etc.

En definitiva, informa sobre la diacronía de la lengua española, es decir, de la evolución, los cambios y las curiosidades que ha experimentado a lo largo de su historia.

Esta ruta aúna diversos intereses:

- el **científico**, que ayuda a conocer con criterios sólidos el pasado y presente de una lengua,
- el **divulgativo**, que permite transferir a la sociedad conocimientos, y
- el **patrimonial**, que pone en valor uno de los aspectos más importantes de la comunidad murciana: el habla y el vocabulario que le dan personalidad y riqueza a esta tierra.

Las **palabras** serán el hilo conductor del itinerario.

■ ¿Qué información complementaria hay en cada punto de la ruta?

Algunos puntos o localizaciones tienen vinculados contenidos que, según la temática, incluyen:

- **■ ¡Curiosidades sobre...!**
- **■ ¿Qué dice el *DRAE* (*Diccionario de Real Academia Española*) sobre...?**
- **■ ¿Qué dicen los documentos, textos, diccionarios sobre...?**
- **■ ¿Bibliografía, fuentes o recursos para conocer más...?**

¡El Grupo de Transferencia de Conocimiento de

la Universidad de Murcia

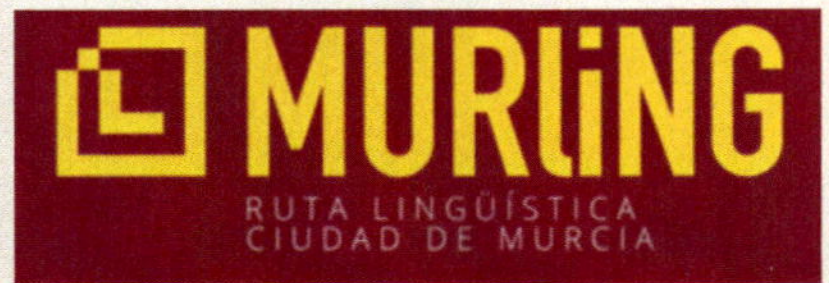

desea que disfruten de la

Ruta lingüística por la ciudad de Murcia

y mucho más...!

1

Alfonso X el Sabio y confluencia de lenguas

Localización

Gran Vía Alfonso X el Sabio
Plaza de Santa Ana

Barrios

Límites de los barrios de San Lorenzo y San Miguel

Temática

El castellano y Alfonso X el Sabio
Confluencia de lenguas en la ciudad de Murcia
Paisaje lingüístico como recuerdo del pasado

Localización del punto 1

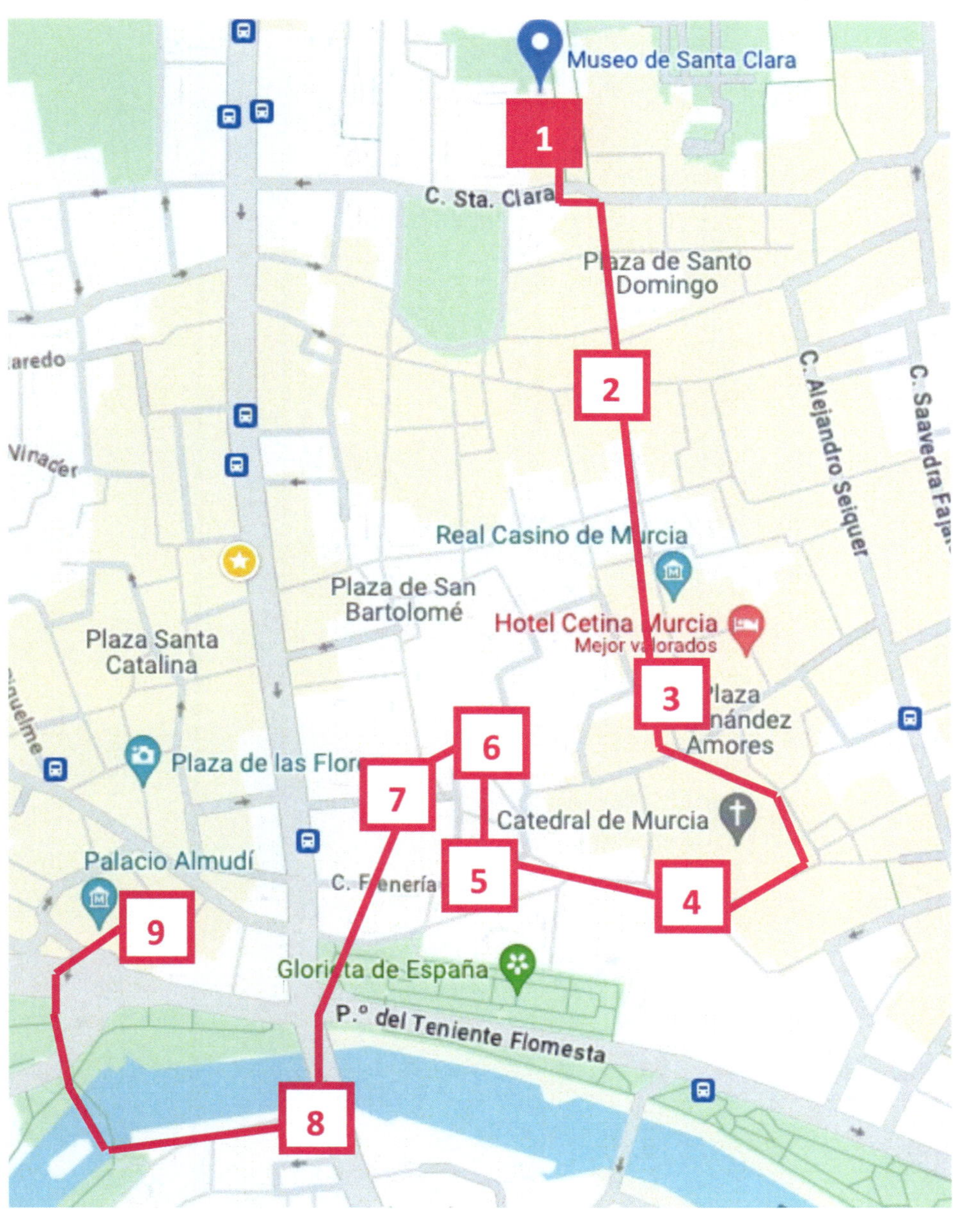

Fotografía 4: Vista panorámica de la Gran Vía Alfonso X **el Sabio** o Tontódromo (I). ©MURliNG

■ Punto de partida: Gran Vía Alfonso X el Sabio o Tontódromo

El primer punto de la ruta lingüística se encuentra al inicio de la Gran Vía Alfonso X el Sabio (fotografía 4), lo que en otro tiempo fue el límite de la ciudad medieval.

A un lado, se ubica el Convento de Santa Ana, conocido popularmente como el Convento de las Anas, y al otro, el Convento de Santa Clara la **Real o de las Claras o Clarisas.**

Históricamente, en este lugar confluyeron diferentes lenguas y culturas, **que se hacen evidentes en el paisaje lingüístico,** muestra de la identidad **lingüística y cultural de Murcia y sus habitante**s, como se revelará a lo **largo de la ruta.**

A esta Gran Vía se la conoce también por otros nombres, quizá, más **populares entre los lugareños de la ciudad:**

- Paseo Alfonso X

- Tontódromo

Prieto García-Seco, David (2020)

Fotografía 5: Vista panorámica de la Gran Vía Alfonso X el Sabio (II). ©MURIiNG

■ Paisaje lingüístico de la Gran Vía Alfonso X el Sabio

En este primer punto de la ruta y en toda la Avenida Alfonso X el Sabio, se ofrece al caminante un paisaje lingüístico bajo sus pies (fotografías 6-12), que

- recuerda aspectos del pasado histórico de la ciudad,
- rememora la confluencia de lenguas, e
- intenta justificar "aquella Murcia que perdimos por el señuelo de la modernidad" (González Soriano 2022: 7).

"Las ciudades son libros que se leen con los pies"

Quintín Cabrera

"En este lugar se erigía el palacio del Marqués de los Vélez, construido en el siglo XVIII y demolido en 1937 para la apertura de la Gran Vía Alfonso X el Sabio".

¿Si Alfonso X levantara la cabeza, habría consentido la demolición del palacio de los Vélez?

Fotografía 6: Vista panorámica de la Gran Vía Alfonso X el Sabio (II). ©MURliNG

Fotografía 7: Inscripción en el suelo de la Gran Vía Alfonso X el Sabio (I) ©MURliNG

"La acequia Aljufía está pa-

sando por aquí".

Hoy por hoy, estas inscripciones de color turquesa han desaparecido.

Fotografía 8: Paisaje lingüístico desaparecido en el suelo de la Gran Vía Alfonso X el Sabio.
©MURIiNG

La **influencia de la lengua árabe en el léxico** se evidencia de forma especial en el vocabulario relacionado con el agua.

Una de las palabras más usadas en la época fue *acequia*, por lo que simbolizaba para el desarrollo de la ciudad y su huerta. *Acequia* proviene del árabe hispánico *assáqya,* y esta, a su vez, del árabe clásico *sāqiyah* 'irrigadora' (participio activo del verbo sáqà 'regar').

Las acequias mayores (o madres) **Alfjufía** y **Alquibla** regaban y abastecían de agua a la ciudad y huerta; la primera, la zona norte y la segunda, la zona sur.

Es importante no olvidar que muchas de las voces de origen árabe, utilizadas en la Región de Murcia, son de uso generalizado en otras zonas de la Península y forman parte de su patrimonio léxico-cultural.

Para leer todas las inscripciones que hay en el suelo de la Gran Vía Alfonso X el Sabio hay que caminar en sentido contrario a la ruta; por ese motivo, a continuación, se muestran algunas de las más representativas (fotografías 9, 10, 11 y 12), que, aunque deterioradas por los pasos de lugareños y visitantes, son una muestra representativa de un paisaje lingüístico efímero.

Fotografía 9: Inscripción en el suelo de la Gran Vía Alfonso X el Sabio (II). ©MURliNG

"Hacia el camino Alto de la Huerta que bordea la Acequia Mayor desde Ba al-Muna hasta las blancas casas de la Arrixaca cuya vista regocija al que las mira" Al-Qarta anni siglo XIII".

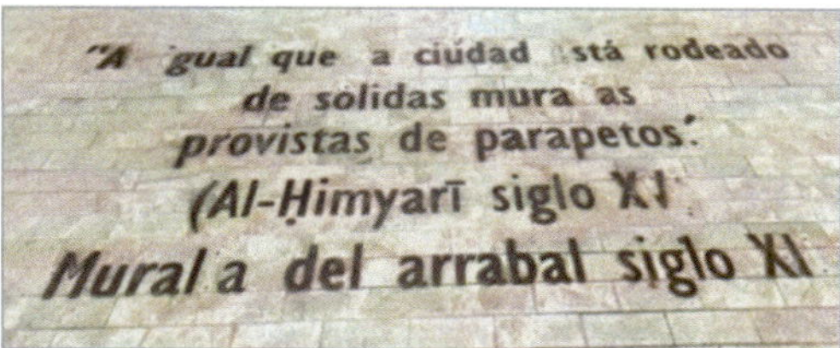

Fotografía 10: Inscripción en el suelo de la Gran Vía Alfonso X el Sabio (III). ©MURliNG

"Al igual que la ciudad está rodeada de sólidas murallas provistas de parapetos". (Al-Himyari siglo XI Muralla del arrabal siglo XI).

Fotografía 11: Inscripción en el suelo de la Gran Vía Alfonso X el Sabio (IV). ©MURliNG

"Bajo el paseo discurre la Acequia Mayor Aljufía, arteria principal [...] de la huerta de Murcia que suministró a la ciudad...".

Fotografía 12: Inscripción en el suelo de la Gran Vía Alfonso X el Sabio (V). ©MURliNG

Al final del paseo, se encuentra el siguiente texto bajo nuestros pies, dedicado al rey Sabio:

"Por la gran lealtad que la ciudad de Murcia prestó en las adversidades al rey Alfonso X El Sabio, este ordenó enterrar su **corazón** y **entrañas** en nuestra ciudad, y hoy en día reposan en el Altar Mayor de nuestra Santa Iglesia Catedral".

entraña

Cada uno de los órganos contenidos en las principales cavidades del cuerpo humano y de los animales.

Parte más íntima o esencial de una cosa o asunto.

Cosa más oculta y escondida.

entrañas

El centro, lo que está en medio.

Voluntad, afecto del ánimo.

Índole y genio de una persona.

"Acequia mayor Aljufía", Región de Murcia Digital.

<bit.ly/3VVHN1Gh>

"Un viaje subterráneo por la acequia mayor Aljufía", Foto Matiz.

<https://bit.ly/4cm7c20>

Documental "El paisaje de la Aljufía" (Arquitectura de barrio y Joaquín Clares, 2022).

<https://bit.ly/4c1k8L9>

La importancia de Alfonso X para la cultura científica

Ilustración 1: *Cantigas de Santa María*. RBMED

Fotografía 13: Monumento al rey Sabio. Murcia agradecida. Septiembre de 2006. ©MURIiNG

La llegada del monarca castellano a la ciudad de Murcia y su incorporación a la Corona de Castilla fueron de los acontecimientos históricos que mayor repercusión tuvieron en el devenir de la historia cultural del Reino de Murcia,

Alfonso X instituyó la lengua castellana, la religión cristiana y todo un bagaje cultural (jurídico, astronómico, histórico, literario, etc.), que plasmó en las obras que emanaron del *scriptorium alfonsí* durante su reinado (1252-1284), de ahí que se le distinga con el **sobrenombre** de:

el Sabio

<h1 style="text-align:center">¡Curiosidad sobre las palabras
sobrenombre, apodo, alias y mote!</h1>

Tener un **sobrenombre** no es exactamente lo mismo que tener un **apodo** o **alias**.

Alfonso X tiene un sobrenombre (el Sabio), lo mismo que la reina Isabel I de Castilla (la Católica).

Muchas veces no es fácil diferenciar entre **sobrenombre, mote, apodo** o **alias** y suelen emplearse de forma indistinta, incluso en la bibliografía especializada. Estos términos hacen referencia, por ejemplo, a **rasgos físicos**, **cualidades personales** (virtudes y defectos), **procedencia geográfica**, etc.

No obstante, en el significado de estas palabras (**sobrenombre**, **mote**, etc.) hay algunas pequeñas discrepancias que intentan aclarar obras como:

- la *Ortografía de la lengua española* (RAE)
- el *Diccionario de la lengua española* (RAE)
- la página web de la FundeuRAE

En la tabla se muestran esas pequeñas distinciones,

¡pero no hay que perder la cabeza

por esos desacuerdos!

Al final, son los hablantes quienes deciden qué término emplear por tradición, por gustos, etc.; así, por ejemplo, se percibe, según el contexto de uso, que la palabra *mote* ha adquirido un matiz peyorativo, burlesco, etc. A continuación, se esquematizan las definiciones del *DRAE* (2001).

sobrenombre	mote	apodo	alias
'Nombre calificativo con que se distingue especialmente a una persona'.	'**Sobrenombre** que se da a una persona por una cualidad o condición suya'.	'Nombre que suele darse a una persona, tomado de sus **defectos corporales** o de alguna otra **circunstancia'** [o condición o rasgo de la persona].	'**Apodo** o **sobrenombre**'.
Siempre va acompañando a un nombre propio.		**Suele** ir acompañando a un nombre propio.	
No puede sustituir al nombre propio		**Puede** sustituir al nombre propio.	
Va precedido por un artículo en **minúscula** inicial.		**Si va** precedido de **artículo**, este se escribe con **minúscula** inicial.	
Alfonso X el Sabio Felipe el Hermoso		Lola Flores, la Faraona La Dama de Hierro	

Tabla: Semejanzas y diferencias entre *sobrenombre, mote, apodo* y *alias*.
Adaptación del *DRAE* (2001)

■ Alfonso X el Sabio: iniciador de la divulgación científica en lengua castellana

Al rey Sabio le apasionaba la **cultura**, el **saber** y su **transmisión**.

Hasta ese momento la **ciencia** y la **historia** se escribían, sobre todo, en latín, y con Alfonso X el romance castellano pasa a ser **lengua de la cultura escrita** y de la **administración**; sin embargo, fue en el reinado de su padre (Fernando III, el Santo) cuando los documentos que emanaban de la cancillería comenzaron a redactarse en romance castellano.

Si bien, la labor cultural y científica de Alfonso X favoreció que el **romance castellano** se convirtiera en la **variedad estándar**, lo que lleva a decir también que

¡el rey Sabio fue el primer divulgador científico en lengua castellana!

Fotografía 14: Vista panorámica de la Gran Vía Alfonso X el Sabio o Tontódromo ©MURliNG

Fotografía 15: Escalinata de la BNE. ©MURliNG

Quizá, por ese motivo, una enorme estatua de Alfonso X (fotografía 15) recibe a los visitantes de la BNE, lo que evidencia la importancia del monarca para las letras españolas. Le acompañan en la escalinata las esculturas de otros ilustres escritores: san Isidoro, Antonio de Nebrija, Luis Vives, Lope de Vega y Miguel de Cervantes.

■ La *lengua castellana* en la documentación alfonsí

La denominación de lenguaje con los **gentilicios** "castellana" o "castellano", (es decir, con una **palabra relacionada con un lugar geográfico:** *Castilla*) en las expresiones *lenguage de Castiella* o *castellano* aparece por primera vez en las obras alfonsíes. Seguidamente, se muestran algunos ejemplos en manuscritos.

Ilustración 2*:*
Fragmento de la
General Estoria I
BDH de la BNE (I)

Et eua fue pren*n*ada. & pario un fijo.
& pusiero*n* le no*m*bre cayn. Et cayn assi como
dize Ramiro enlos esponimje*n*tos de la
biblia ta*n*to q*ui*ere dezir en*e*l n*uest*ro **lenguage
de Castiella** como h*er*edamie*n*to.

Ilustración 3*:*
Fragmento de la
General Estoria I
BDH de la BNE (II)

ANdados treynta an*n*os & se-
ys dias de q*ua*ndo el mu*n*do fue
criado. assi como dize mahes
tre luchas ob*is*po de thuy & ot*ro*s q*ue* acuerda*n*
co*n* el. fiziero*n* ada*m* & eua otro fijo. ¶ Et a este segu*n*do fijo dixiero*n* abel. Et abel segu*n*d
los esponimie*n*tos dela biblia q*ui*ere dez*ir* en
el n*uest*ro **lenguage castellano**. tanto como
lloro o cosa q*ue* no*n* es duradera.

¿Qué dice la documentación alfonsí acerca de los últimos deseos del rey Sabio?

Fotografía 16: Anónimo. *Las entrañas de Alfonso X el Sabio.* Siglo XVI. Museo de Bellas Artes, Murcia

Alfonso X el Sabio está enterrado en la **catedral de Sevilla**, pero deseaba que su cuerpo o algunos de sus restos fueran sepultados en el **monasterio de Santa María la Real de Murcia** (actual **catedral de Murcia**).

Diversas circunstancias hicieron que el anhelo del rey no se cumpliera hasta pasados muchos años. Fue en **1525** cuando ese deseo se llevó a cabo por mandato del emperador Carlos V, quien ordenó trasladar las entrañas y el corazón del monarca castellano a la ciudad de Murcia.

A continuación, se recogen:

- algunos de los **fragmentos del testamento de Alfonso X**,

- una imagen de la **urna** donde están depositados su corazón y sus entrañas, y

- la **transcripción del texto labrado en la urna**.

¡Murcia no fue la única opción del rey Sabio

para enterrar su cuerpo y su corazón!

1284-1-21, Sevilla. A todos los reinos. Testamento de Alfonso X. (Ed. M.H.E. II. pág. 122-134, Torres Fontes. |. Torres Suarez, C: "La lealtad" Doc. 2).

E pagadas e cunplidas las mandas, **que el nuestro cuerpo sea enterrado en nuestro monesterio de Sancta María la Real de Murcia,** [...], pero si los nuestros cabezaleros tovieren por mejor que el nuestro cuerpo sea enterrado en la cibdad de Sevilla, o en otro logar, que sea mas a servicio de Dios, tenérnoslo por bien, [...]. E si los nuestros testamentarios tovieren por bien de enterrar nuestro cuerpo en Sevilla, mandamos que **lo fagan enterrar allí do tuvieren e entendieren que es mejor** [...].

Et, otrosi, mandamos que, luego que finaremos, **que nos saquen el corazón e lo lleven a la Sancta Tierra de Ultramar e que lo sotierren en Jherusalen.** en el monte Calvario, alli do yacen algunos de nuestros abuelos, e si levar non lo pudiesen que lo pongan en algund lugar de este fasta que Dios quiera que la tierra se gane e se pueda levar en salvo [...].

Mando, otrosi, que quando sacaren el nuestro corazón para llevarlo a la Sancta Tierra de Ultramar, segund que es ya dicho, e **que saquen lo otro de nuestro cuerpo e lo llieven a enterrar al monesterio de Sancta María la Real de Murcia, o a do el nuestro cuerpo oviere a ser enterrado,** que lo metan todo en una sepultura assi commo si nuestro cuerpo fuese y a yazer, si el monesterio fuere en aquel estado que lo nos establecemos e devenios estar, e sy non mandamos que fagan esto en iglesia mayor, en Sancta María de Sevilla.

Transcripción de Torres Fontes (2008) (ed.), "Documentos de Alfonso X El Sabio". *Colección de documentos del Reino de Murcia*. Murcia, Academia Alfonso X el Sabio, pp. 343-345

Urna con las entrañas y el corazón de Alfonso X el Sabio. Capilla Real de la Catedral de Murcia. Fotografía de Fernández Molina (2008: 104)

Fotografía 17

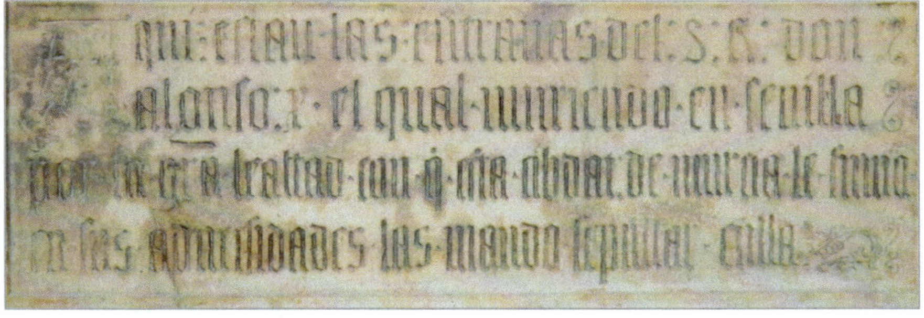

Fotografía 18: Inscripción labrada en la urna con las entrañas y el corazón de Alfonso X el Sabio. Capilla Real de la Catedral de Murcia. **Fotografía de Fernández Molina (2008: 104)**

"Aquí estan las **entrañas** del *Señor Rey* don Alonso X, el qual muriendo en Sevilla por la gra*n* lealtad con *que* esta cibdat de Murcia le sirvió en sus adversidades las mandó sepultar en ella".

■ Uso de abreviaturas

En la *General Estoria* (ilustraciones 2 y 3), y en otros textos que se encuentran en esta ruta, las abreviaturas (reducciones gráficas) se desarrollan con letra cursiva por convencionalismo filológico; aquí se colorean en granate para su mejor visualización.

Popularmente, se ha considerado que el uso de las **abreviaturas** respondía a la necesidad de ahorrar en material de escritura y en el tiempo que se dedicaba a la labor de escribir; sin embargo, si se tiene en cuenta que hay obras medievales en las que abundan las formas ornamentales y dibujos (que suponen gran dedicación), el argumento del ahorro de tiempo no sería apropiado.

Existen **otros argumentos más lingüísticos** para el empleo de las abreviaturas, por ejemplo, la **relación entre grafía y lectura**, es decir, la grafía como representación de la pronunciación o la vinculación entre lengua escrita y oral.

Cuando una abreviatura se utiliza muchas veces para representar a una palabra, el lector la reconoce inmediatamente, incluso, antes que la palabra completa.

Durante la Edad Media y hasta bien entrado el siglo XVI cada modalidad paleográfica o tipo de letra tenía usos gráficos que le eran propios:

- gótica
- gótica cursiva
- carolingia
- libraria
- albalaes
- cortesana
- procesal
- etc.

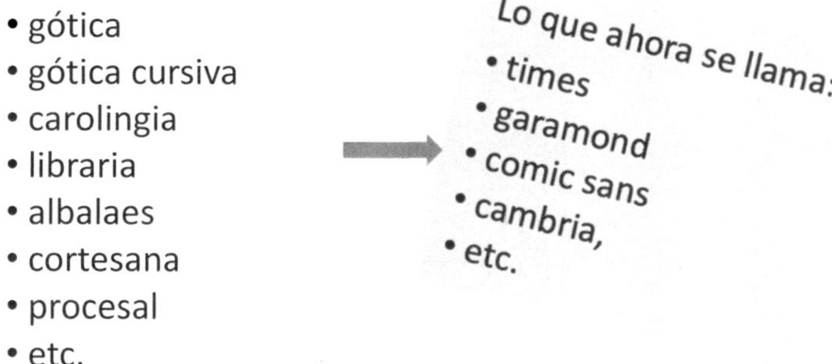

La escritura medieval heredó del latín un cuerpo de signos para marcar la abreviatura; se agrupan atendiendo al lugar en el que se realizan (RAE 2010: 567):

- **Truncamiento o suspensión**: se suprime la parte final de la palabra que se abrevia:

  que > q
  tomaren > tomare

- **Contracción:** se suprimen algunas letras centrales de la palabra:

  mançana > maçana
  pierda > pda
  escripturas > espturas
  campana > capana
  maravedis > mrs

- **Aféresis:** se suprimen parte de las letras iniciales de la palabra o sílaba:

  tierra > tra

En el transcurso de esta ruta, se observará que en el paisaje lingüístico visible y oculto es muy frecuente encontrar abreviaturas que se marcan con diferentes tipos de signos para señalar el lugar en el que se realiza la abreviatura.

Estos procedimientos eran de naturaleza diversa y podían señalarse de la siguiente forma:

- **Letras voladas** (en superíndice): *habiéndole > haviend^{le}*
- **Punto** (situado a diferentes alturas): *que > q·*
- **Lineta**, llamada también **virgulilla**: línea horizontal y sobrescrita encima de la letra, que precede a la que se ha eliminado): *conquistadores > cōquistadores.*

Para la correcta interpretación de muchos de esos signos, es necesario tener unos conocimientos mínimos sobre su forma en cada tipo de letra; por ejemplo:

- en la **letra gótica libraría**, las abreviaturas se representan con un **punto**;
- en la **letra albalaes o cursiva**, con la **lineta**.

Por ese motivo, tradicionalmente, su estudio se reservaba a la Paleografía; no obstante, se ha comprobado que, para realizar un correcto análisis e interpretación filológicos de los textos, es imprescindible saber Paleografía, pues, por ejemplo, el desarrollo de una abreviatura afecta a los niveles fonético, morfológico y lexicográfico.

A lo largo de la ruta se pueden ver
varios tipos de abreviaturas.

¿Qué dice el *DRAE* sobre la palabra

virgulilla?

Signo ortográfico de forma de coma, rasguillo o trazo; p. ej., el apóstrofo, la cedilla, la tilde de la *ñ*, etc.

¡Curiosidad sobre la consonante ñ en su origen: una abreviatura!

La **consonante palatal nasal** (escrita ñ) no existe en latín, es decir, la lengua latina no tiene ese sonido, pero sí el castellano.

Las palabras latinas que tienen determinados grupos de sonidos evolucionan al castellano con ese sonido palatal (escrito ñ), tal y como se puede ver en los ejemplos siguientes:

SŎMNĬU > sueño
CŬNEA   > cuña
LĬGNA   > leña
ĂRĀNĔA > araña
CĂNNA   > caña
ĂNNU   > año
PĂNNU   > paño

Como resultado, el origen de la ñ se encuentra en algunos grupos consonánticos (*gn*, etc.), en algunos grupos formados por consonante más vocal (*ne, ni*, etc.) y en la **abreviatura** de la doble NN latina, que se acortan con la **lineta**.

¡Esa costumbre de abreviar

y una cosa llevó a la otra!

¡Curiosidad sobre la virgulilla o lineta de la ñ̃!

¿Sabías que la **lineta** o **virgulilla** de la **ñ** es el símbolo del Instituto Cervantes?

Como se observa en la imagen de la derecha, el logotipo del Instituto Cervantes simula una **ñ**.

Más información:
https://www.cervantes.es/default.htm

¿Sabías que existe un premio que se llama **Premio Ñ**?

Desde el año 2021, el Instituto Cervantes otorga el **Premio Ñ** a las personalidades que se destacan por su labor de difusión internacional de la lengua española.

https://www.cervantes.es/sobre_instituto_cervantes/premio_ene.htm

¿Bibliografía para conocer más sobre las abreviaturas?

Torrens Álvarez, M.ª J. (1995). "La interpretación de las abreviaturas en textos romances medievales: problemas lingüísticos y textuales". *Signo. Revista de historia de la cultura escrita*, 2, 19-28.

<https://l1nq.com/frSrD>

■ **Formas de nombrar a las personas en el**
Libro del Repartimiento

No sólo las personas famosas o con poder, los reyes y reinas (Isabel la Católica, Felipe el Hermoso, Juana la Loca, etc.) tenían sobrenombre o apodo en la época medieval.

En el Archivo Municipal de Murcia, se encuentra un **CÓDICE** (es decir, un libro manuscrito, redactado a mano y anterior a la invención de la imprenta) llamado el

Libro del Repartimiento,

que contiene la lista de pobladores castellanos, catalanes, aragoneses, árabes y judíos a quienes se les repartía la tierra tras la incorporación del Reino de Murcia a la Corona de Castilla.

En ese **códice** se incluyen varios datos del poblador: su **patronímico** o **nombre** y **apellido**; sin embargo, ante la ausencia de este último o su coincidencia con el de otro poblador, se hizo necesario anotar, junto al **nombre:**

- Un **apodo** o **sobrenombre**, que aludía al oficio que desempeñaba, a un rasgo físico, etc. Con el paso del tiempo, es muy probable que se afianzase como apellido.

- Un **topónimo** (nombre del lugar geográfico de procedencia).

- La parte de tierra que se le adjudicaba.

- Su creencia religiosa.

- Etc.

Por consiguiente, personas de toda condición social y credo religioso aparecen nombradas de formas diversas en el *Libro del Repartimiento.*

"A quien no se nombra ni existe ni se le reparte"

(Adaptación de la frase: "Lo que no se nombra no existe" de Francis George Steiner)

¿Qué dice el *DRAE* de las palabras **patronímico** y **topónimo**?

patronímico

1. Dicho de un nombre propio de una persona: Que deriva del de su padre o de otro antecesor masculino, y que originariamente indicaba su filiación o pertenencia a un linaje; p. ej., *Martínez*, de Martín, *Mijailóvich*, de Mijaíl, *MacDonald*, de Donald.

2. Dicho de un apellido: Que se daba antiguamente en España al hijo, y que está formado sobre el nombre del padre. *Fernández es el patronímico de Fernando.*

topónimo

1. Nombre propio de lugar.

¿Qué dice el *Libro del Repartimiento* (o *Becerro*)?

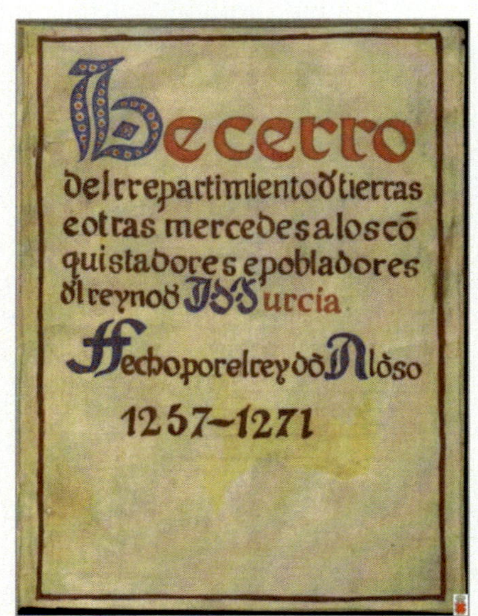

"Becerro
del rrepartimiento d*e* tierras
e otras mercedes a los co*n*
quistadores e pobladores
d*el* reyno d*e* Murcia.
ffecho por el rey *don* Alo*n*so
1257-1271".

Ilustración 4: *Libro del Repartimiento.* Pergamino. 370x280 mm. AMMU. Serie 3, n. 55.

¿Por qué se llama *Becerro* al *Libro del Repartimiento*?

Aquí se ha producido uno de los fenómenos semánticos más interesantes y frecuentes de la lengua:

una **metonimia**,

es decir, se designa —en este caso— un libro con el nombre de uno de sus componentes o características: con el nombre del papel en el que está escrito: *vitela* ('piel de ternera o becerro curtida y pulida para pintar o escribir en ella').

El *Diccionario de Autoridades* (primer diccionario de la Real Academia Española) explica este significado y su motivación:

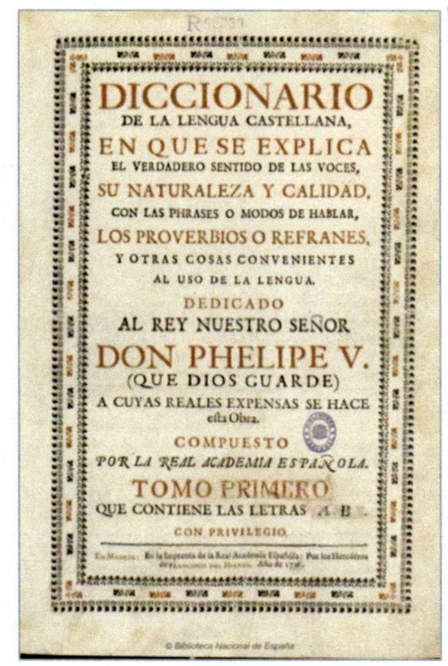

Ilustración 5:
Diccionario de Autoridades
BNE/BDH de la BNE: R/23571 V.1

BECERRO. Se llama el libro que tienen las Comunidádes, Cabildos Eclesiásticos de las Cathedráles y Colegiáles, Ayuntamientos de Ciudádes y Villas, en el qual están sentados todos los actos, acuerdos, ordenanzas y establecimientos pertenecientes al gobierno y economía pública de cada Comunidád, ò su jurisdicción y pertenéncias. Paréce que se le dió este nombre de la piél de becerro, en que regularmente está enquadernado para su mayór firméza y resguardo.

A continuación, se muestran algunos ejemplos de las formas de nombrar en el *Libro del Repartimiento* junto con el número de folio en el que se encuentran:

- **r**: folio recto, que, con la llegada de la imprenta, será la página impar;

- **v**: folio vuelto, la página par.

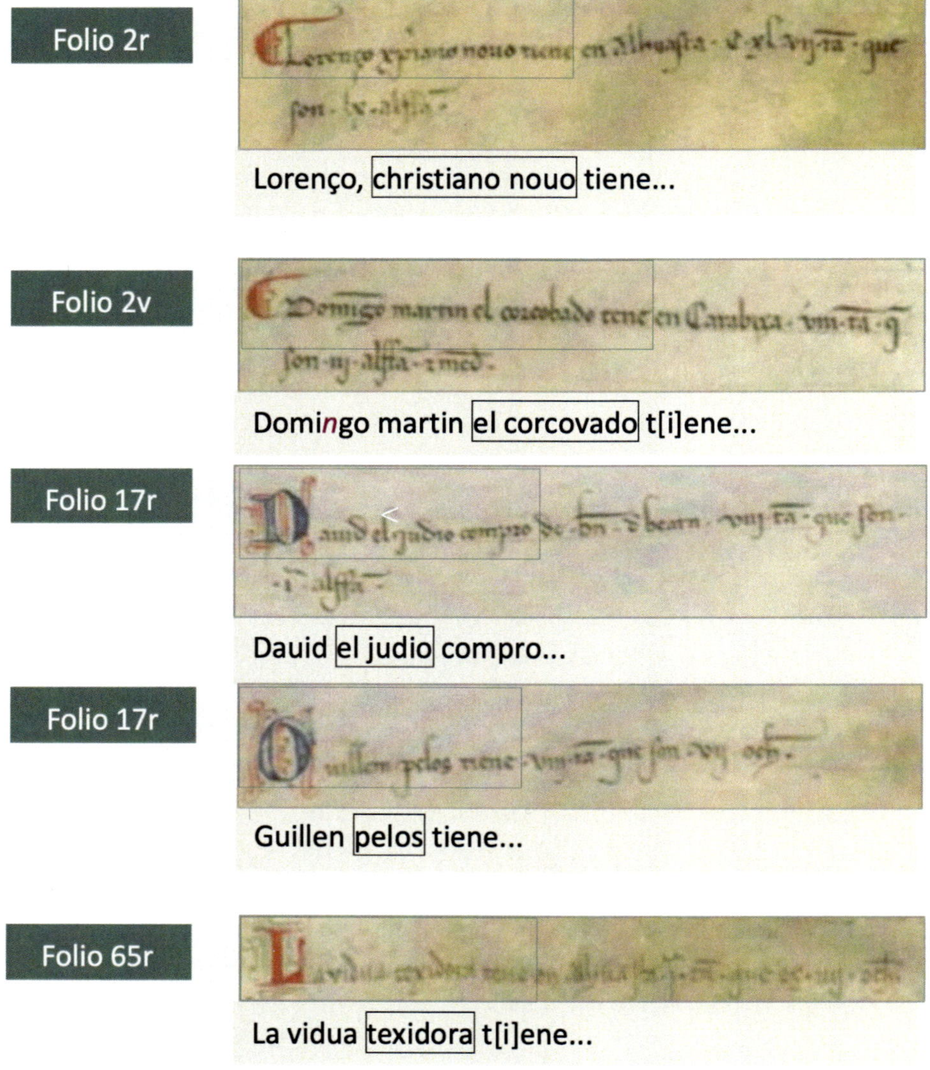

Folio 2r

Lorenço, christiano nouo tiene...

Folio 2v

Domingo martin el corcovado t[i]ene...

Folio 17r

Dauid el judio compro...

Folio 17r

Guillen pelos tiene...

Folio 65r

La vidua texidora t[i]ene...

Ilustraciones 6: *Fragmentos del Libro del Repartimiento de tierras a los pobladores de Murcia.* Original. Pergamino. 370x280 mm. AMMU. Serie 3, n. 55. AHRMU. Proyecto Carmesí

Torres Fontes, Juan (1976): "Apodos y sobrenombres en el repartimiento de Murcia", *Monteagudo: Revista de literatura española, hispanoamericana y teoría de la literatura*, 55, pp. 9-12.

<bit.ly/4eDC546>

Díez de Revenga, Pilar y Puche Lorenzo, Miguel Ángel (2002): "Onomástica castellana y onomástica catalana en tierras fronterizas durante la Edad Media", *ELUA* (*Estudios de Lingüística, Universidad de Alicante*), 16, 309-324.

< bit.ly/45rPnwh>

■ Confluencia de lenguas en el paisaje lingüístico: Origen del murciano

Los avatares históricos que acontecieron en Murcia (sublevaciones mudéjares, petición de ayuda de Alfonso X a su suegro –el rey Jaime I de Aragón–, procesos de repoblación, etc.) hicieron que en el Reino de Murcia confluyeran varias lenguas: catalán, aragonés, castellano y árabe.

En esa concurrencia de lenguas y lugar de encuentro de culturas se halla el origen del murciano. Históricamente, el **murciano** se ha forjado, por un lado, con elementos lingüísticos de esas leguas y, por otro, con una serie de rasgos fonéticos y léxicos que comparte con el extremeño, el andaluz y el canario.

¡Curiosidad sobre las formas con las que se nombra al murciano!

1. **Variedad dialectal del español** hablado en la Región de Murcia y en algunas zonas de las provincias de Alicante, Albacete y Almería.
2. **Variedad diatópica murciana.**
3. **Geolecto murciano.**
4. **Dialecto murciano.**
5. **Hablas murcianas.** Denominación más apropiada porque los rasgos del murciano no son los mismos ni tienen la misma extensión ni intensidad en todas las comarcas de la región.

¡En definitiva, son formas de hablar una misma lengua (el español) en distintos territorios!

Hay muchas **variedades del español**, pero las del

- **murciano**
- **extremeño**
- **andaluz**
- **canario**

forman lo que se llama el **español meridional,**

en el que **el murciano tiene su personalidad** (es decir, su diferencia dialectal), que se muestra en su

- **pronunciación,**
- **acento** (con sus rasgos fónicos, ritmo y melodía),
- **vocabulario,**
- **sufijo** *–ico* (de uso general en otras zonas del español).

2

Murcia gremial

Localización

Las Cuatro esquinas: confluencia de las calles Platería, Trapería y San Cristóbal

Barrio

La Catedral

Temática

La toponimia menor o los nombres de las calles de la ciudad

Localización del punto 2

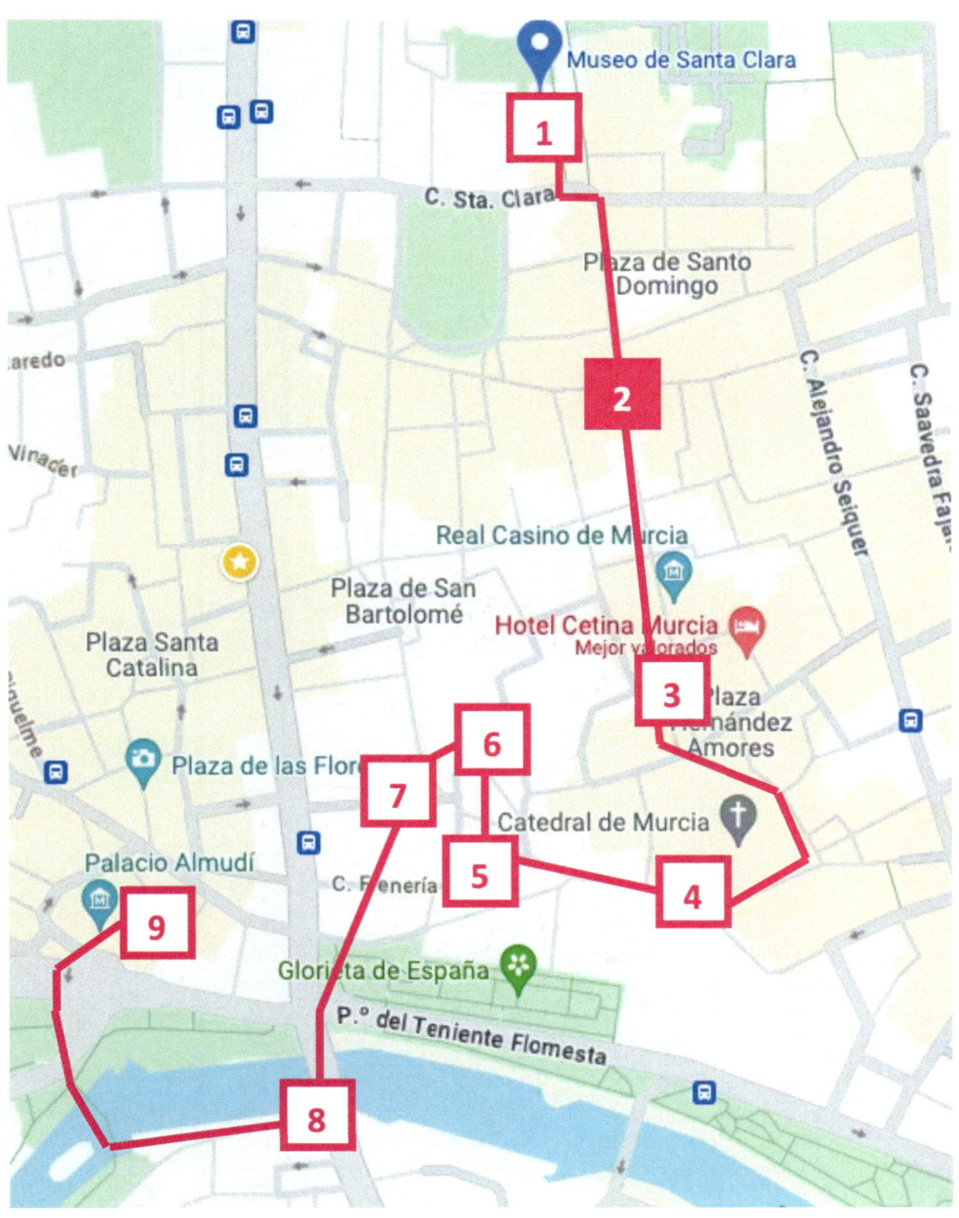

Fotografía 19: Las Cuatro Esquinas de San Cristóbal. ©MURliNG

El segundo punto de la ruta lingüística entra en lo que fue la ciudad árabe y medieval y se ubica en el cruce de las calles **Platería, Trapería** y **San Cristóbal** (antes cantón del Cabico), es decir, en las **Cuatro Esquinas de San Cristóbal** (fotografía 19). Con el paso del tiempo, esta última denominación se ha acortado en las **Cuatro Esquinas**, quizá por el socorrido argumento de la economía lingüística.

En el pasado, el pueblo murciano escuchaba al pregonero, se veía o se quedaba en las **Cuatro Esquinas de San Cristóbal**. En la actualidad, se mantiene como lugar de encuentro; aunque con el transcurso de los años, la expresión se sustituyó por la de **picoesquina** de **Trapería** o **Platería** o, simplemente, las **Cuatro Esquinas.**

Fotografías 20: Placas con los nombres de las calles Trapería, San Cristóbal y Platería. ©MURliNG

¡Curiosidad sobre la palabra **picoesquina**!

Sabemos que el **vocabulario murciano** bebe de fuentes latinas, árabes, aragonesas, catalanas y castellanas, pero es innegable que también lo hace de la **creatividad y expresividad de sus hablantes**.

¿Qué ha hecho el hablante en *picoesquina*?

Crear, a través de un **proceso morfológico**, una palabra compuesta por dos sustantivos, que le son conocidos y en los que se da una relación de coordinación: *pico* y *esquina.*

¿Para qué?

Para nombrar una realidad que carecía de denominación.

¿Cuál es el resultado?

Una palabra que forma parte del léxico específico de la variedad dialectal murciana.

¿Aparece en algún diccionario?

La primera referencia lexicográfica y documental de la que se dispone se registra en el vocabulario que Emilia García Cotarruelo recopiló en su *Estudio sobre el habla de Cartagena y su comarca* (1959):

Picoesquina.- 'Esquina' (Cartagena)

Aunque un poco alejado de la ruta, en otra zona de la ciudad, hay **paisaje lingüístico** con esta palabra:

Fotografía 21: Inscripción del bar Picoesquina Churrería. C/ Párroco Pedro Martínez Conesa (Barrio de Vistabella). ©MURliNG

■ Calles con mucha historia. Alfonso X y su ordenación comercial

Fotografía 22: Calle Trapería
© MURIiNG

La llegada de **Jaime I** (suegro de Alfonso X el Sabio) a Murcia supuso, entre otras cosas, la transformación del paisaje urbano de la ciudad; así, se proyectó la construcción de la calle Trapería que partía de la Mezquita Mayor (iglesia de Santa María, más tarde catedral) hasta la muralla, lugar en el que se ordenó abrir la Puerta del Mercado para facilitar el acceso a la plaza del mismo nombre (Plaza del Mercado, hoy Santo Domingo).

Alfonso X convirtió la **Trapería en el centro de una red de calles comerciales**, que ha perdurado a lo largo de la historia de la ciudad.

La documentación alfonsí, conservada en el AMMU, evidencia el interés del rey Sabio por la ordenación comercial (ilustración 7).

Calle
Trapería

Ilustración 7: Fragmento del *Libro de privilegios de la ciudad de Murcia*. AMMU, serie 3, N.º 47. Se redactó en 1505 y recopila los privilegios que se otorgaron a la ciudad con Alfonso X el Sabio. La letra es gótica caligráfica.
Fuente de la imagen: Proyecto Carmesí.

"Otrosi les damos e les otorgamos que las tie*n*das que los christianos vendran [venderán] los pannos [paños] de Francia e las tiendas de los canuios [cambios] de las monedas e la pelligeria [pellejería] sean en aquella carrera qu'el rey de Arag*ó*n fizo derribar las casas, de Santa Maria fasta al muro de la cibdat faza el Arrixaca.

Otrosi les damos e les otorgamos q*ue* las calles de los armeros e de los Selleros e de los freneros e de los bruneteros e de los blanq*ue*ros e de los çapateros e de los correros e de los carpenteros e las carnecerías e las pescaderías sean en aq*ue*llos logares que los partidores les diero*n* con consejo de los omes buenos de la cibdat. E mandamos q*ue* de las tablas de las carnecerías e de las pescaderías las dos partes sean en la carnecería mayor e la tercera parte en la carnecería de la Puerta de Orihuela. E deffendemos que ninguno non sea osado de vender ningunas carnes nin pescados *en* otras tablas nin en otros logares si no*n* en las nuestras en aquellos logares q*ue* nos mandamos saluo tocinos o puercos enteros salados que los puedan cada vnos [unos] vender en sus casas a quienes quisieren e anguiellas menudas e sardinas saladas e costales de co*n*grios e de pixotas ['merluzas'] saladas".

■ **¿Por qué los nombres de las calles históricas son palabras derivadas?**

Ilustración 8: Adaptación del plano general de la ciudad de Murcia de 1896 de P. Cerdrán (BVPB). El añadido de las calles y su delimitación ©MURliNG

Los nombres de las calles forman parte de lo que se denomina **toponimia menor** (rama de la lingüística que estudia el origen de los nombres de lugares).

El centro de la ciudad de Murcia conserva los **nombres históricos** de las calles con **trazado y diseño de origen árabe**. En ellas se concentraban la mayor parte de los oficios, gremios artesanales y lugares de venta en la época medieval.

Hoy esas calles mantienen la vida comercial de tiempos pasados, pero, prácticamente, no quedan establecimientos que recuerden que en esos lugares se vendían jabones, paños, plata, etc., o se arreglaban órganos y frenos.

En castellano, muchos **topónimos** se crean por **sufijación**, es decir, por la adición de un **sufijo** *(-ito, -ico, -ería, -ero...)* a una **base léxica** (palabra) que ya existe en la lengua.

De la unión de estos dos elementos:

base léxica + sufijo

resultan las **palabras derivadas:**

fren + ería.

Los **sufijos protagonistas** de la toponimia menor murciana son:

–ero, –ería , –ista,

muy productivos en la formación de nombres de profesiones u oficios; por ejemplo,

alfar + -ero

Alfar **es el 'obrador o taller del alfarero'.**

El origen de esta palabra se encuentra en *alfahar*, que proviene del árabe hispánico *alfaḥḥár*, y este del árabe clásico *faḥḥār* 'cerámica', 'alfarería', como informa Joan Corominas en su *Breve diccionario etimológico de la lengua castellana*.

¿Qué dice el *DRAE* acerca de los sufijos
–ero, –ería, –ista?

Sufijo	Significado que aporta el sufijo al nombre al que acompaña.	
-ero	En sustantivos, indica oficio, ocupación, profesión o cargo.	*Alfareros, carniceros, turroneros, vidrieros, yesqueros*
-ería	Señala oficio o local donde se ejerce.	*Frenería, platería, jabonerías, trapería*
-ista	Forma sustantivos que designan a la persona que tiene determinada ocupación, profesión u oficio.	*Organista*

■ Calles del centro histórico

Calle Trapería > del Príncipe Alfonso > Trapería

El gremio de traperos —muy popular en la época—, elaboraba y vendía trapos.

El 10 de octubre de 1862, con motivo de la visita a la ciudad de la reina Isabel II y sus hijos (la infanta Isabel y el príncipe Alfonso), se aprobó el **cambio de denominación** de la **calle Trapería** por el de **Calle del Príncipe Alfonso** (ilustraciones 9 y 10). Más tarde retomó su nombre original: calle Trapería.

Ilustración 9: Plano del centro histórico de Murcia. BVPB.
Adaptación del plano: ©MURliNG

¿Qué dice la documentación con respecto al cambio de nombre

Trapería>príncipe Alfonso>Trapería?

Ilustración 10 | Libro de Actas Capitulares. AMM. AC 490

"Sobre darse á la Calle de la **Trapería** el nombre Del **Príncipe Alfonso**".

"El Señor Gobernador en comunicacion del cuatro del actual comunica su aprovación al acuerdo de este Ayuntamiento, hecho en la sesión precedente dando a la **Calle de la Trapería** el nombre de "**Calle del Príncipe Alfonso**" [...]."

Los nombres de las calles cambian. ¡Son elementos del paisaje lingüístico que van y vuelven!

¡Curiosidad sobre las palabras
trapería, *trapo* y *paño*!

En sus primeros usos, ***paño*** y ***trapo*** fueron sinónimos y ***trapería*** era la calle en la que los mercaderes o ***traperos*** los vendían.

Con el paso del tiempo, la voz ***trapo*** y sus derivados (***trapero, trapería***) experimentaron una **especialización semántica** (es decir, de significado) hacia la acepción que tiene en la actualidad.

trapo

1. Pedazo de tela desechado.

En 1611, **Covarrubias** en su *Tesoro de la lengua castellana, o española* [...] ya vio la especialización que adquirió la palabra ***trapo,*** que pervive hasta hoy: *roto*, *vil* o *de poco valor* (ilustración 11).

Ese matiz lo recogerá la **Real Academia Española** en el tomo sexto de su primer diccionario (*Diccionario de Autoridades,* 1739): *roto, gastado* o *desechado por inútil* (ilustración 12).

Biblioteca Digital de la Biblioteca Nacional de España (BNE)

Covarrubias

TRAPO, vale lo mesmo que paño quasi drapo, nombre Frances, que vale paño, y de alli se dixo Trapero el mercader de paños, y traperia, la calle de los mercaderes. Comunmente suele significar el trapo vn paño roto, o vil, y de poco valor. Trapos, los paños de lienço,

Ilustración 11: Entrada *trapo* en el *Tesoro de la lengua castellana...* de Covarrubias

Diccionario de Autoridades

Ilustración 12: Entrada *trapo* en el
Diccionario de Autoridades (RAE)

El siguiente esquema concreta la especialización semántica de **trapo**, **trapero** y **trapería** en el primer y último diccionarios de la RAE (*Diccionario de Autoridades,* 1739 y *DRAE,* 2001).

Especialización semántica (de significado)

	RAE, 1739	RAE, 2021
Trapo	Lo mismo que **paño**, de donde se llamó en lo antiguo el Mercader de paños, y su tienda **Trapéro**, y **Trapería**.	Pedazo de tela desechado. Paño de uso doméstico para secar, limpiar, quitar el polvo, etc.
Trapero	Mercader de paños. Es **voz antiquada**. El que anda recogiendo los trapos arrojados à la calle, que lavados sirven, para fabricar el papél.	Persona que tiene por oficio recoger trapos de desecho para comerciar con ellos.
Trapería	La calle de los Mercaderes de paños, ò la tienda, en que se venden. Trae esta voz Covarr. En su Thesóro en la voz Trapo. Se llama también el conjunto de muchos trapos, ó el sitio donde se venden.	Sitio donde se venden trapos y otros objetos usados.

En esta calle desarrolló su trabajo el gremio de plateros y joyeros. Con el paso del tiempo, se asentó uno de los bazares más famosos y populares de la ciudad: el Bazar Murciano, ya desaparecido (fotografía 23).

Fotografía 23: Bazar murciano en la calle Platería

■ Otras calles dedicadas a diversos oficios: Alfareros, Carniceros, Frenería

La ubicación de las siguientes calles puede verse en la ilustración 8 (página 63).

Calle Alfareros

Calle en la que estaban quienes se dedicaban a trabajar el barro cocido para hacer vasijas.

Calle Carniceros

Esta calle lleva su nombre, como es lógico, por el gremio de carniceros.

Calle Frenería

Lugar en el que se agrupó el gremio de los freneros, que fabricaban y vendían frenos para las máquinas y carruajes.

Calle Jabonerías

En esta calle se ubicaba el gremio de jaboneros, aunque ahora hay, sobre todo, comercios textiles.

Calle Organistas

Calle en la que se concentraba el gremio de los organistas, que tocaban y componían música para órgano. La catedral y casi todas las parroquias tenían uno.

Calle Turroneros

El gremio de los turroneros se agrupaba con sus obradores en esta calle del barrio de San Antolín.

Calle Vidrieros

Nombre dado por el gremio de vidrieros, que, antiguamente, estuvo en la plaza de Vidrieros, actual Plaza de San Antolín.

Calle Yesqueros

Los yesqueros eran las personas que se dedicaban al oficio de hacer **yesca**, necesaria par encender fuego.

¿Qué dice el *DRAE* de la palabra yesca?

yesca

1. Materia muy seca, comúnmente de trapo quemado, cardo y hongos secos, y preparada de suerte que cualquier chispa prenda en ella.

2. Cosa sumamente seca, y por consiguiente dispuesta a encenderse o abrasarse.

3. Incentivo de cualquier pasión o afecto.

Más toponimia

La **toponimia menor** murciana dedicada a los oficios **no se agota** con la que ya se ha mencionado, existen o han existido en el callejero murciano nombres como:

Calle Aguadores

Calle Aladreros

Calle Caldereros

etc.

¿Qué dice el *DRAE* de la palabra **aladrero**?

aladrero

1. Carpintero que construye y repara arados, aperos de labranza, carros etc.

2. Carpintero que labra las maderas para la entibación de las minas.

3

Palabras: testigos de la historia

Localización
Plaza de Hernández Amores, llamada popularmente
Plaza de la Cruz

Barrio
La Catedral

Temática
La prensa: testigo de la historia y de la lengua
Los grafitis del pasado

Localización del punto 3

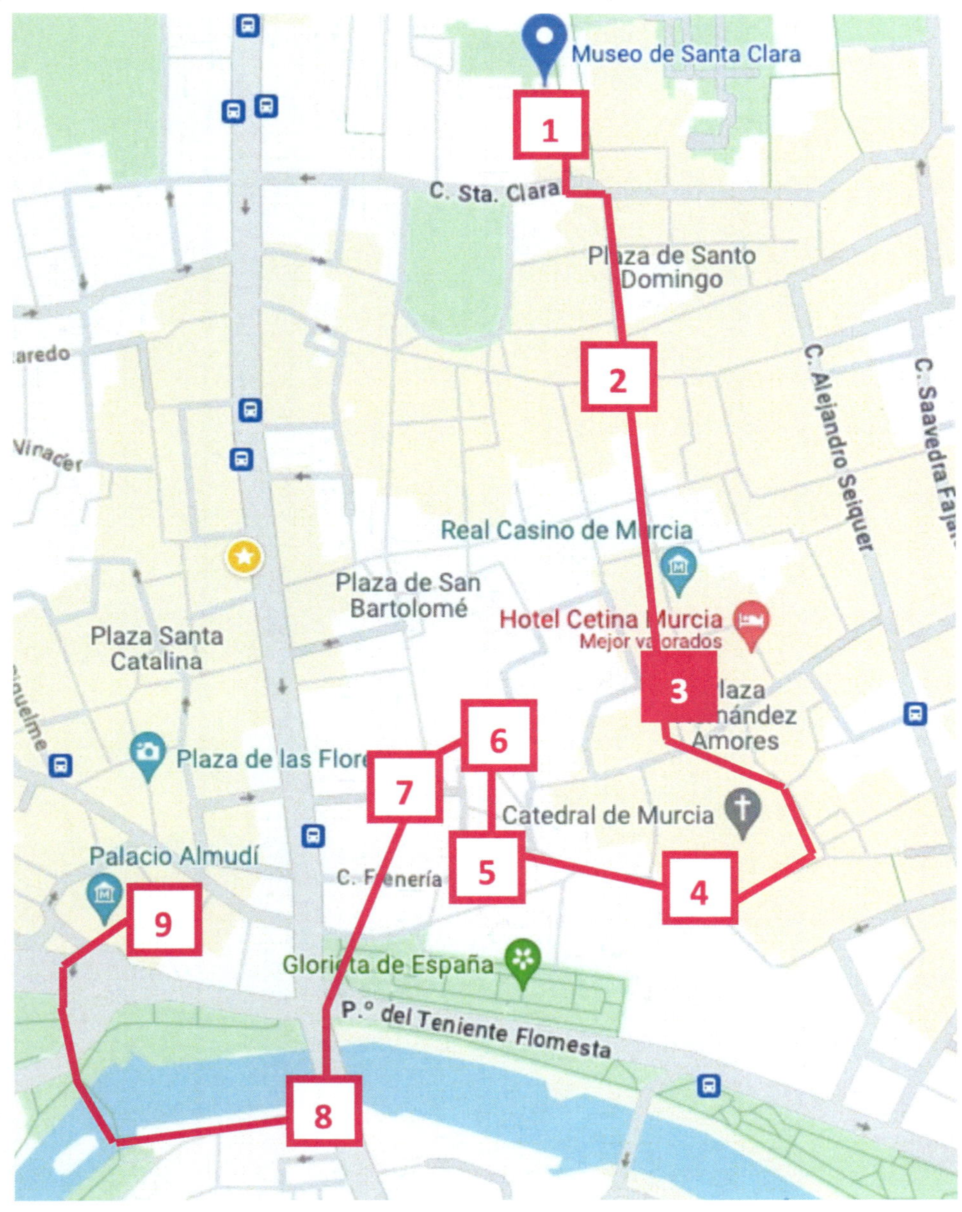

Fotografía 24: Plaza de Hernández Amores o Plaza de la Cruz.
©MURliNG

■ Palabras: memoria de la vida cotidiana en el paisaje lingüístico

El final de la calle Platería desemboca en la Plaza de Hernández Amores, llamada popularmente, Plaza de la Cruz.

En este punto de la ruta se observa directamente cómo la ciudad conserva en su **paisaje lingüístico** palabras y textos que nos adentran en un pasado lejano y próximo que mantiene un hilo conductor: un relato, a veces, con pocas pistas sobre cómo era la vida cotidiana de los habitantes de la ciudad; qué curiosidades acaecían en su día a día; qué leían en las paredes o les leían (pensemos que la mayor parte de la población ha sido durante siglos analfabeta), etc.

"Las paredes oyen, pero también hablan"

(MURliNG)

■ La prensa: la gran divulgadora de sucesos y noticias

Adentrarse en la Plaza de Hernández Amores, si se mira hacia el edificio que se encuentra a la izquierda, se puede ver y leer la siguiente lápida en mármol blanco dedicada a la **prensa**.

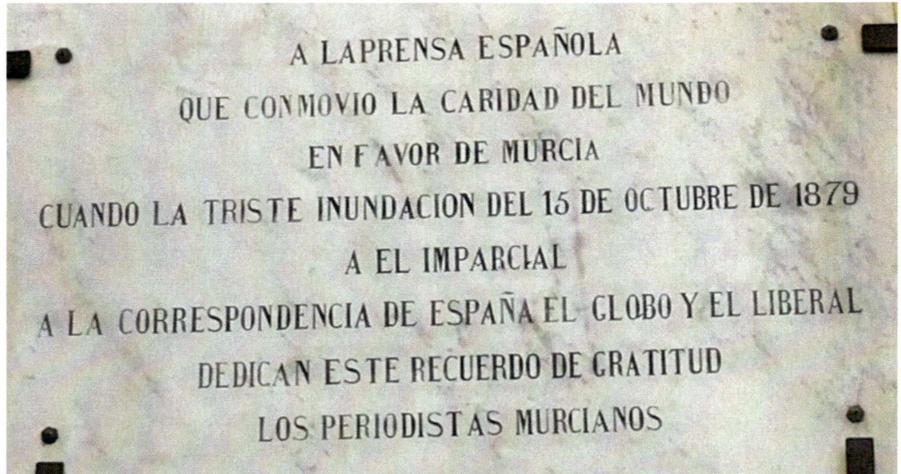

Fotografía 25: Lápida laudatoria a la prensa con motivo de la inundación de 1879 (Plaza de la Cruz). ©MURliNG

El motivo de la inscripción es un recuerdo muy triste para los habitantes de la ciudad: la **riada de Santa Teresa**, ocurrida el 15 de octubre de 1879, en la que fallecieron más de ochocientas personas. En el texto de la lápida se agradece a la prensa nacional su apoyo y divulgación de la tragedia que sucedió en Murcia.

La prensa fue el medio que comunicó la noticia, sobre todo, de la mano del periodista y escritor **José Martínez Tornel** (director y redactor del periódico *El Diario de Murcia*).

Gracias a las hemerotecas digitales, tenemos fácil acceso a los periódicos que se publicaron en aquellos aciagos días; por ejemplo, al número especial de ***El Diario de Murcia*** (16/10/1879), editado por Martínez Tornel (ilustración 13), y al editado por el Comité de la Prensa Francesa con el número único ***Paris-Murcie. Journal publié au profit des victimes des inondations d'Espagne*** (*París-Murcia. Periódico publicado con motivo de las víctimas de las inundaciones de España*), con ilustraciones de Gustave Doré y en el que colaboraron grandes escritores de la época: Víctor Hugo, Alejandro Dumas, Charles Garnier, Émile Zola, entre otros (ilustración 14).

Ilustración 13
"Recuerdo fúnebre a las víctimas de la desastrosa inundación acaecida en esta ciudad la noche terrible e inolvidable del 15 de octubre. Día de Santa Teresa...", *El Diario de Murcia*, 16 de octubre de 1879.

Ilustración 14
Paris-Murcie. Journal publié au profit des victimes des inondations d'Espagne

¿Bibliografía para conocer más sobre la riada de Santa Teresa en la prensa?

"La riada en la prensa española", *Región de Murcia Digital*: <https://goo.su/4W7LW>

■ El vocabulario murciano y la prensa

La **prensa** experimentó durante el siglo XIX un auge sin parangón porque se convirtió en un **medio económico para difundir cualquier tipo de noticias**, entre ellas, las relacionadas con la **lengua**. Debido a la **inmediatez** de su información, la prensa fue el foro idóneo para expandir las ideas y las palabras: **recoge noticias sobre usos lingüísticos y polémicas** de los aspectos más variados.

En particular, el periodismo se convierte en un medio para la **aprobación** y **aceptación del vocabulario** (por ejemplo, de **regionalismos**) y se torna en una **fuente de autoridad académica**. Hay que recordar que la mayor parte de los académicos de la RAE participó en la redacción de periódicos, bien como colaboradores, bien como editores o directores.

En definitiva, la prensa será la **gran divulgadora del vocabulario murciano** desde finales del siglo XIX hasta la primera mitad del XX. Escritores y periodistas publicaban artículos en los que difundían el **léxico murciano**; por ejemplo, **Alberto Sevilla** (desde 1909) fue haciendo adelantos de su ***Vocabulario murciano*** (1919), a saber, el 1/11/1909 publicó el artículo ***"Palabras y refranes"*** (murcianos) en el ***El Liberal***, del que, a continuación, se muestra un ejemplo.

Ilustración 15:
Definición de *balamío* en
"Palabras y refranes" (A. Sevilla)
El Liberal (1-11-1909)
Hemeroteca del AMMU

BALAMÍO.—Ruido que forma la inundación.

Fotografía 26: Vítores pintados en el primer cuerpo de la torre de la catedral. Plaza de la Cruz. ©MURliNG

■ Pintadas, grafitis o vítores con historia

Retomando el paisaje lingüístico de la Plaza de la Cruz, y poniendo la vista en el primer cuerpo de la torre de la catedral, se observan pintadas y mensajes en las paredes, que evidencian que no son una moda reciente: en la antigua Roma y en Pompeya se escribía en las paredes para transmitir **mensajes** de temática muy parecida a la que podemos encontrar hoy en día:

- mensajes de amor
- insultos
- quejas
- protestas
- pensamientos
- alabanzas
- aclamaciones
- etc.

En dos de las paredes de la torre de la catedral de Murcia hay pintadas hechas en color almagre; algunas son descifrables, pero otras no tanto. Su nombre es **víctor** o **vítor** que era el que se les daba a los grafitis que se escribían en los muros desde la Edad Media.

vítor (Del latín *victor* 'vencedor')

1 **Viva**, **aplauso**.
Usado más en plural (*vítores*)l.
Usado también como interjección.

2 Función pública en que a alguien se le **aclama** o **aplaude** una hazaña o acción gloriosa.

3 Letrero escrito directamente **sobre una pared**, o sobre un cartel o tablilla, en aplauso de una persona por alguna hazaña, acción o promoción gloriosa. Suele contener la palabra *víctor* o *vítor*.

Diccionario de la lengua española

El **vítor** se representa con un **anagrama** ('**símbolo o emblema**'), que adopta diferentes formas y está **compuesto con las letras de las palabras *vítor* o *víctor*.** Va acompañado de palabras, breves textos o del nombre de la persona a la que se le hacía el vítor.

Los más conocidos están en las paredes de los edificios universitarios salmantinos y celebran los logros y la obtención del grado de doctor de sus estudiantes, tradición que se mantiene hasta la fecha.

El origen del anagrama se encuentra en el **crismón** o **lábaro**.

Ejemplos de anagramas de vítores de la Universidad de Salamanca.

crismón

Lábaro (|| monograma de cristo).

lábaro

Monograma formado por la cruz y las dos primeras letras del nombre griego de Cristo:

X (ji) y **ρ** (rho)

Χριστός, *Khristós*, "el ungido"

Se puso en el **lábaro** ('estandarte que usaban los romanos') por mandato de Constantino.

En el **primer cuerpo de la torre de la catedral** de Murcia hay varios **vítores,** probablemente alusivos a algunos canónigos de la catedral, a alguien vinculado con la iglesia o, quizá, a algún acontecimiento relevante que ocurriera en la época.

Junto a los anagramas está escrito: D*E* IASSO o *DE* LASSO; D*E* CHE-CHA... (fotografías 27 y 28).

¡Las hipótesis sobre lo que aparece
escrito son varias!

También hay vítores en la fachada de la torre que se encuentra en la calle Oliver (fotografías 29 y 30).

Fotografías 27: Detalle de los vítores pintados en el primer cuerpo de la torre de la catedral. Plaza de la Cruz (I). ©MURIiNG

Fotografías 28: Detalle de los vítores pintados en el primer cuerpo de la torre de la catedral. Plaza de la Cruz (II). ©MURIiNG

Fotografía 29: Vista de la catedral y de Plaza de la Cruz. Calle Oliver. AGRM

Fotografía 30: Detalle del vítor pintado en el primer cuerpo de la torre de la catedral. Calle Oliver. ©MURIiNG

¿Qué se escribía en las paredes de la catedral?

Fotografía 31: Requerimiento en el primer cuerpo de la torre de la catedral. Calle Oliver. ©MURliNG

Fotografía 32: Requerimiento en la fachada principal de la catedral. ©MURliNG

Además de los vítores, la torre y la fachada principal de la catedral albergan dos textos pintados, que son idénticos (fotografías 31 y 32): el primero se encuentra bajo los vítores de la torre, en la calle Oliver y está escrito en letra minúscula (fotografía 31); y el segundo, en el imafronte o fachada principal de la catedral, en letra mayúscula (fotografía 32).

Debido al deterioro, su lectura es compleja, pero muy interesante para la historia del paisaje lingüístico de Murcia y de la lengua española:

A continuación, se ofrece la transcripción.

(ln. 1) Esta Excom*ulgado* de exc.*omunión* maior la

(ln. 2) persona qu*ee*chase, mandase o permitiese echar

(ln. 3) basura, v otra qualquiera inmundicia o se

(ln.4) orinase en todo el lambito de la Sta. Yglesia pena

(ln. 5) de 4 ducados.

En estas dos pintadas se destacan varios usos gráficos y fónicos:

- **Abreviaturas** (señaladas en la transcripción de más arriba con *letra cursiva* para una mejor lectura):

  Excom. < *Excomulgado*   (ln. 1)
  exc.   < *excomunión*   (ln. 1)

- **Vocal /i/ usaba con valor consonántico**:

  maior < *mayor*   (ln. 1)

- **Grafía consonántica <v > utilizada con valor vocálico**:

  v < *y* (ln. 3)

- **Apócope** (pérdida de la vocal final) y, como consecuencia, la amalgama o contracción con la palabra que le sigue:

  quechase < *que echase* (ln. 2)

- **Fonética sintáctica:** Es un proceso muy curioso que pone de manifiesto la influencia de la lengua hablada sobre la lengua escrita, es decir, reflejo de la lengua oral en la escritura:

  el lambito, < *el ámbito* (ln. 4)

Esta última estructura surge siempre y cuando el artículo (*el*) se fusiona con la palabra a la que sigue si ésta comienza por una vocal (*ámbito*). En este ejemplo, el artículo se mantiene también de forma independiente (*el lambito*).

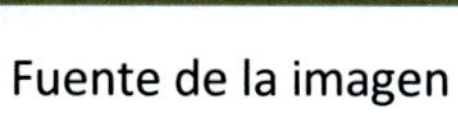

Fuente de la imagen — Banco de España <https://goo.su/vCYu>

**¿Sabías que los vítores más conocidos de la
ciudad de Murcia ya no están?**

Los vítores más populares se encontraban en la **fachada principal del edificio del Contraste de la Seda**, actual edificio Fénix situado en la Plaza de Santa Catalina (fotografías: 33 y 34).

En el Contraste de la Seda se realizaban las actividades vinculadas con el comercio de la seda, como su nombre indica. Fue **muy rico en paisaje lingüístico** y en él se escribían los nombres de murcianos:

- distinguidos por alguna hazaña;
- benefactores de la ciudad;
- merecedores de premios, etc.

En 1923 el edificio fue derruido esgrimiendo su deterioro, por lo tanto, solo nos queda el testimonio fotográfico.

**¡Esa costumbre de derribar el patrimonio urbanístico
en beneficio de la modernidad!**

Fotografía 33: Fachada principal del edificio del Contraste de la Seda
Fuente: AGRM - AMMU

Fotografía 34: Detalle de los vítores del edificio del Contraste de la Seda (c. 1920). Fuente: AGRM - AMMU

¿Conocer más sobre los vítores del edificio del Contraste?

José Martínez Tornel, escritor y periodista murciano, publicó un artículo en *El Diario de Murcia* (27-06-1880) en el que contaba qué eran los vítores del edificio del Contraste, quiénes los escribían, porqué los escribían, etc.

Por eso, como sitio mas público y mas digno, se hizo de la pared del Contraste una especie de album, de lápida conmemorativa, donde el pueblo escribía en breves cifras, recuérdos de gloria para los personas que por cualquier concepto se distinguian.

Muchas gentes habrán pasado por la plaza de Santa Catalina, habrán mirado los letreros, estrafalarios al parecer, de la pared del Contraste, y tal vez se hayan creido que están hechos por pintores de brocha gorda para probar las piuturas; pero no hay nada de eso.

Cada uno de aquellos letreros recuerda á un murciano que hizo algo bueno por esta ciudad, ó que realizó fuera de ella hechos que le dieran honor.

Había un alcalde corregidor, por ejemplo, que se desvivia por mejorar la ciudad, y que de hecho la mejoraba con obras públicas, de utilidad comun; y el pueblo agradecido, sin consultar con nadie, iba á la pared del Contraste y ponía esta inscripcion: ROXAS Cgr. y ya sabia todo el que lo leia que el corregidor Roxas habia merecido bien de la ciudad.

Sucedia, y pondremos otros egemplos, que se hacian oposiciones á una canongia de pingües rentas, ó á una prebenda cualquiera, y que esta se daba, no al opositor que sabia mas ni al que mejores oposiciones había hecho, sino al que había tenido mas votos y mas influencia; y entonces el pueblo, para protestar de la injusticia, acudía á la plaza de Santa Catalina, y con letras grandes y encarnadas escribia el nombre del opositor, que en la creencia pópular merecía la plaza que se disputaba.

Venia de fuera un hijo de esta ciudad que había estado en las campañas de Italia y Flandes, ó luchando en leganas tierras por el rey y por la pátria, que había salido de aquí pobre y oscuro y volvia rico, distinguido, lleno de heridas y de honores; y el pueblo en cuanto lo sabía, escribia su nombre en el lienzo de piedra de la casa Contraste.

Nombraba el Ayuntamiento un mayordomo para preparar la procesion y festejos del Corpus, cuando este echaba el resto, y traía danzas de Valencia, y sacaba tremendos gigantones, y quemaba fuegos de artificio, ó hacía toros bravos, y sorprendentes iluminaciones, de modo que el pueblo quedaba contento y satisfecho... á la pared del Contraste con su nombre.

Echaba un padre predicador un sermon de esos en que lloran hasta las piedras, de esos que tienen trascendencia en una ciudad; que mantienen enfervorizado por algun tiempo el espíritu público; y el nombre de aquel predicador aparecía escrito y victoreado.

Esos rótulos tenían un nombre especial, se llamaban «vítores».

¡Curiosidad acerca de los vítores de la Universidad de Murcia!

¿Sabías que en el claustro de la Facultad de Derecho hay vítores?

Los vítores que están en el claustro de la Facultad de Derecho alaban y aplauden a los **doctores y doctoras *honoris causa*** otorgados por la Universidad de Murcia. Este galardón es el más alto grado que concede una universidad.

El primero se concedió en 1977 al guitarrista lorquino Narciso García Yepes.

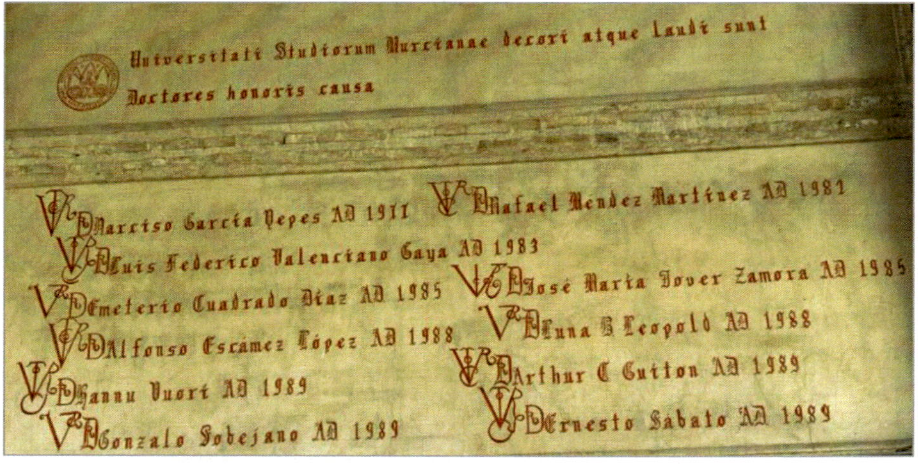

Fotografías 35: Ejemplos de los vítores del claustro de la Facultad de Derecho de la Universidad de Murcia. ©MURliNG

Fotografías 36: Ejemplos de los anagramas del claustro de la Facultad de Derecho de la Universidad de Murcia. ©MURliNG

Desde el año 1977 hasta mayo de 2024, la Universidad de Murcia (UM) ha otorgado 69 doctorados *honoris causa*: **61 doctores** y **8 doctoras** (gráfico 1).

La primera mujer que recibió el galardón en la UM, y que, por tanto, tiene un vítor en el claustro de la Facultad de Derecho, fue Margarita Salas Falgueras en 2003.

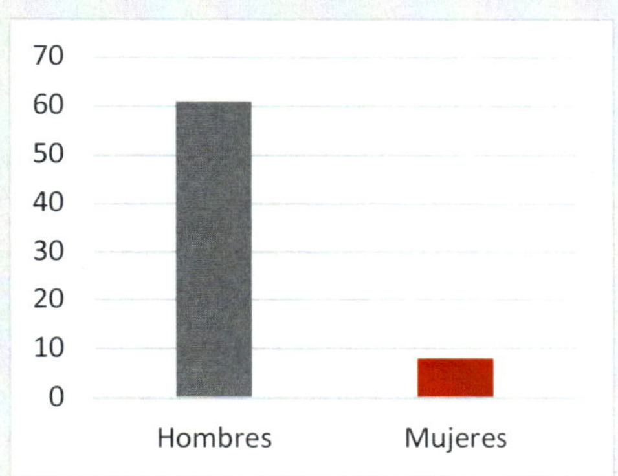

Gráfico 1: Distribución de doctorados *honoris causa* otorgados por la Universidad de Murcia

Tuvieron que pasar 11 años (2014) para que a otra mujer, Saskia Sassen, se le concediese tal distinción y, como consecuencia, que su nombre apareciera en el paisaje lingüístico de la UM.

Desde esa fecha (2014) hasta mayo de 2024 se han sumado a los vítores los nombres de 8 mujeres:

1. Margarita Lozano (2015)
2. Adela Cortina Orts (2016)
3. Rosamaría Alberdi Castell (2016)
4. Irene Bragantini (2018)
5. María Antonia Blasco Marhuenda (2018)
6. Maryse Condé (2022)
7. María Vallet Regí (2023)
8. Mieke Bal (2023)

4

La herencia del Humanismo

Localización
Calle de los Apóstoles

Barrio
La Catedral

Temática
Escritura y grafías neolatinas en el paisaje lingüístico
El humanista Francisco Cascales y sus pinceladas murcianas

Localización del punto 4

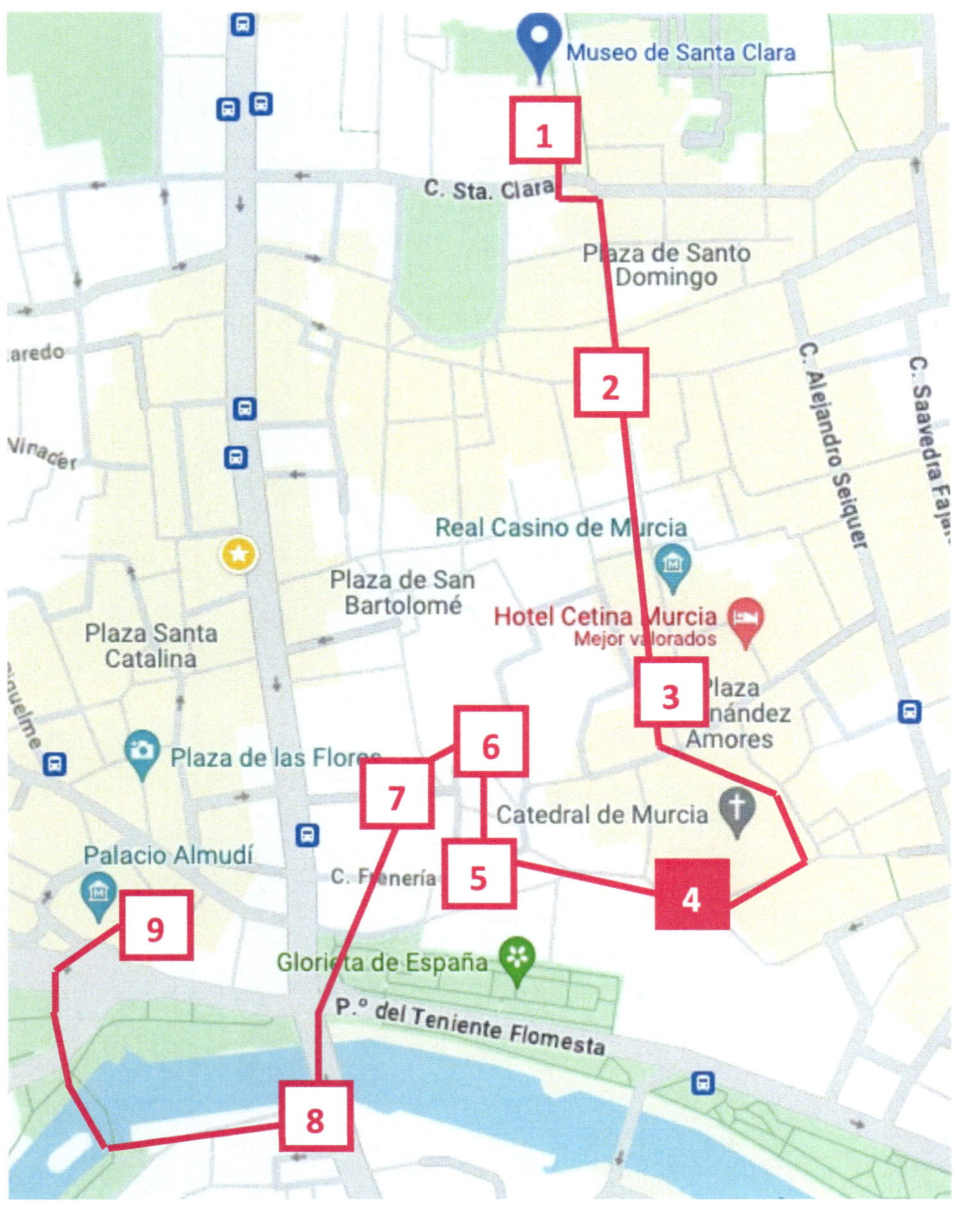

Fotografía 37: Vista de la catedral desde la calle de los Apóstoles
©MURliNG

■ Paisaje lingüístico neolatino

Bordeando la catedral desde la Plaza de la Cruz, se accede a la **calle de Los Apóstoles** (fotografía 38), nombrada así porque en ella está la Puerta de Los Apóstoles, una de las entradas de acceso a la catedral (fotografía 37).

Si se avanza un poco, en la fachada lateral de la catedral, está la **lápida** que recuerda a los viandantes que allí está la famosa capilla renacentista de la familia Junterón del siglo XVI (fotografía 39).

Fotografía 38: Placa de la calle de los Apóstoles en piedra. ©MURliNG

En la **inscripción** de la lápida se lee:

DE IVNTE
RON ES

Estas tres palabras han dado mucho juego entre expertos y legos en cuestiones lingüísticas.

Se ha dicho y escrito que las dos posibles lecturas serían:

DE IVNTERONES

es decir, que la capilla pertenece a la familia de los Junterones, o

DE IVNTERON ES

que la capilla es de la familia Junterón.

En este último caso, el verbo (*es*) se pone al final de la oración porque es un rasgo propio de la **influencia latinizante**.

A esto, hay que añadir que la **grafía humanística neolatina** (imitación de la utilizada en las inscripciones latinas clásicas) **da prestigio a la inscripción**, al escudo del papa Julio II y, por supuesto, a los dueños de la capilla.

Otro dato, que se suele incluir en el planteamiento de las hipótesis, es el poco **espacio del que disponía el maestro cantero para cincelar la inscripción**.

Fotografía 39: Inscripción del exterior de la capilla de Junterones de la Catedral de Murcia. ©MURIiNG

Por la fecha aproximada de la inscripción, por el contexto y por el espacio en blanco dejado entre las dos palabras, se puede afirmar que se está ante una **estructura neolatina** tanto por el tipo de letra como por el orden sintáctico que presenta.

■ Francisco Cascales: figura del Humanismo

Al finalizar la calle de los Apóstoles y antes de entrar en la Plaza del Cardenal Belluga, se encuentra una lápida de mármol blanco, fijada en la fachada de la actual Escuela de Arte Dramático, antiguo Seminario de San Fulgencio (fotografía 40). En ella se conmemoran los trescientos años del fallecimiento del humanista, filólogo e historiador murciano **Francisco Cascales**, llamado también con el **sobrenombre** *Licenciado Cascales*.

Fotografía 40: Lápida conmemorativa del III centenario de la muerte de Francisco Cascales. ©MURIiNG

A honra y memoria del preciado literato murciano Licenciado Francisco Cascales

1564 – 1642

Humanista y preceptor eximio,

historiador de su patria,

poeta y crítico eminente.

La provincia y ciudad de Murcia con la

Academia de "Alfonso X el Sabio"

conmemorando el III centenario de su muerte.

30 noviembre, 1942.

Muy próximo a este punto de la ruta está el **Instituto de Educación Secundaria Licenciado Francisco Cascales**, nombre que recibió en el curso académico **1981-1982**.

En la inscripción sobre azulejo, que corona las dos entradas al edificio (fotografías 41 y 42), se lee:

INSTITVTO DE
BACHILLERATO "LCDO.
FRANCISCO CASCALES"

La inscripción en letras mayúsculas simula los usos gráficos de las inscripciones romanas en latín, quizá, para recordar la solera del edificio y del centro educativo.

Fotografía 41: Fachada del IES Licenciado Francisco Cascales en la Calle de Los Apóstoles, esquina con la Calle Eulogio Soriano. ©MURliNG

Fotografía 42: Fachada del IES Licenciado Francisco Cascales en la Avenida Teniente Flomesta (junto al río Segura). ©MURliNG

Francisco Cascales (*c.** 1559–1642), fue uno de los máximos exponentes del Humanismo y del Siglo de Oro españoles. Gran conocedor de disciplinas como la retórica, la gramática, la filología, la historia, etc.

> ***c.*** es la abreviatura de la palabra latina *circa* 'alrededor de'.
>
> La fecha y el lugar exactos del nacimiento de F. Cascales siempre han estado rodeados de algunas inseguridades porque no hay suficientes evidencias documentales que refuercen los datos.

Ilustración 16: Retrato de Francisco Cascales. BDH de la BNE

Entre sus **obras más importantes** se encuentran:

- *Discurso de la ciudad de Cartagena* (1598);

- *Tablas poéticas* (1617);

- *Discursos históricos de la muy noble y muy leal ciudad de Murcia* (1621);

- *Cartas philológicas* (1634).

Mucho se ha escrito sobre Cascales, pero en este punto de la ruta se va a poner de relieve el **uso de palabras dialectales** en la obra del humanista murciano.

Este rasgo lo destacó **Justo García Soriano** en el Estudio preliminar de su ***Vocabulario del dialecto murciano*** (1932), incluso, se aventura a decir que Cascales podría ser "el primero de nuestros escritores folkloristas".

Los **dialectalismos** que García Soriano cita (1932: 70) son, por ejemplo:

- balamido 'rumor confuso de los balidos de un rebaño', 'estruendo, vocerío grande'.

- bizuejo 'biszo, bisojo'.

- cauza 'cestilla o caja de esparto donde se incuba (aviva) la simiente del gusano de seda'.

Ilustración 17: Portada del libro *Discursos históricos de la muy noble y muy leal ciudad de Murcia* (1621) de F. Cascales. BVPB

Ilustración 18: Portada del libro *Cartas Philólogicas* de F. Cascales (1634). BVPB

¿Qué escribió Cascales sobre las palabras *balamido, vizuejo* y *cauza* en sus *Cartas philologicas* (1634)

& omnium consona in Dei benedictionem ora referares. Que balamido i que buen balamido resonaua por toda nuestra ciudad, quando tu derramando las entrañas de miseri-

Que **balamido** i que buen **balamido** resonaua por toda nuestra ciudad,

ñosos. El mismo remedio vsa naturaleza có los que formò i echa fuera señalados, como el bermejo, el coxo el mulato, el vizuejo ; que estos tales aunque quieran reformarse

El mismo remedio vsa naturaleza co*n* los que formò i echa fuera señalados, como el bermejo, el coxo, el mulato, el **vizuejo**;

quiza : i comiençan à salir gusanitos. Entonces en las cauças, ò cedaços sobre la simiente se les echa vn auiuador que es vn pliego de papel aguierado , i se ceba de hoia.

Entonces en las **cauças**, ò cedaços sobre la simiente se les echa vn auiuador [avivador] que es vn [un] pliego de papel agujerado, i se ceba la hoja.

Ilustraciones 9: *Balamido, vizuejo* y *cauza* en *Cartas Philologicas* de Cascales

Las *Cartas philológicas* de Cascales son también **fuente de autoridad** que se mencionan en los diccionarios académicos (RAE) y no académicos:

* *Diccionario histórico de la lengua española* (1933-36),

* *Diccionario manual e ilustrado de la lengua española* (1983, 1989),

* *Diccionario de la lengua española* (1984, 1992),

* el vocabulario de Alberto Sevilla (1919) y, como ya se ha mencionado, el vocabulario de Justo García Soriano (1932); ambos para definir *balamido, bizuejo* y *cauza*.

A continuación, se muestran algunos ejemplos:

Ilustraciones 20
A. Sevilla, (1919):
Vocabulario murciano

Balamido. Confusión de voces. Ruido que forma la inundación.

Comúnmente se dice *balamio*.

«¡Qué balamido i que buen balamido resonava por toda nuestra Ciudad!» Lic. Francisco Cascales, *Cartas Filológicas*, pág. 336. Madrid, 1779. — «Al entrar al pueblo detúvolas un balamido de voces y vítores que daban más muchachos que hombres, y más hombres que muchachos.»

Recordemos que **BALAMÍO** fue una de las palabras que A. Sevilla publico en la prensa antes que en su *Vocabulario murciano* (epígrafe *Vocabulario murciano y la prensa* del punto 3 de la ruta, página 80).

Bizuejo. Bisojo.

«Tú eres bermejo, mulato, coxo, vizuejo: gran milagro si eres hombre de bien.» Lic. Francisco Cascales, *Cartas.* Década II, epístola I.

Dicen que era biçueja
yo no sé si por ciega, o si por vieja.

Cauza. Cajilla de esparto donde se incuba la simiente del gusano de seda.

«Por el mes de Marzo, que es cuando la morera brota, se pone la simiente a calentar en cauzas, o cedazos forrados de papel, i esto ya debaxo de frezadas caldeadas al sol, ya entre los colchones de la cama, hasta que se ova, i pone blanquiza, i comienzan a salir gusanitos.» Lic. Francisco Cascales, *Cartas Filológicas,* pág. 211 y 212. «Los

BALAMIDO. m. Balido o bramido. ¶ «¡Qué *balamido* y qué buen *balamido* resonaba por toda nuestra ciudad!» Cascales, *Cartas filológ.*, décad. 3,

BIZUEJO, JA. adj. Bisojo, ja. ¶ «Dicen que era *bizueja*, | yo no sé si por ciega, si por vieja; | mas poniendo a la luz del uno estanco, | tiró cerrando un ojo, y dió en el blanco.» Polo de Medina, *Obr.*, ed. 1664, f. 112. ¶ «El cojo, el mulato, el *bizuejo*... aunque quieran reformarse, casi imposible... Zoylo, tú eres bermejo, mulato, coxo, *bizuejo*.» Cascales, *Cartas filológ.*, decád. 2, cart. 1.

CAUZA. (Del lat. *capsa*.) m. *Murc*. Cajilla de esparto, donde se incuba la simiente del gusano de seda. ¶ «Se pone la simiente [de la seda] a calentar en *cauzas* o cedazos forrados de papel...; entonces en las *cauzas* o cedazos sobre la simiente se les echa [a los gusanitos] un avivador.» Cascales, *Cartas filológ.*,

¿Bibliografía para conocer más sobre la persona, vida y obra de Francisco Cascales?

Alburquerque García, Luis (2018): "Francisco Cascales", Real Academia de la Historia.

<https://dbe.rah.es/biografias/32713/francisco-cascales>

Cascales, F.: sus obras, su persona, etc., en la BNE:

<https://datos.bne.es/persona/XX1723506.html>/francisco-cascales>

En la Biblioteca Digital Floridablanca del Fondo Antiguo de la Universidad de Murcia están digitalizadas obras de Francisco Cascales.

<https://acortar.link/rKhy4H>

¿Qué dice ahora el *DRAE* acerca de las palabras

balamido, bizuejo y cauza?

balamido

No está en el diccionario.

bizuejo

No está en el diccionario.

¡Que ahora no estén recogidas en la vigente edición del *DRAE* no quiere decir que no se usen!

cauza

Mur. Caja de esparto donde se incuba el huevo del gusano de seda.

¡Es un **murcianismo**!:'Palabra o uso lingüístico propio de los murcianos'

En la historia de esta palabra se ha producido un caso de **ampliación semántica**, es decir, se ha añadido un nuevo significado: 'ruido que hace una inundación'. En la última crecida del río Segura (septiembre de 2019) se escucharon expresiones como:

¡Vaya balamío!

¡Qué balamío trae el río!

Es decir, el río pasaba por la ciudad con mucha agua a gran velocidad y hacía un ruido atronador; por lo tanto, la forma *balamío* es un reflejo de español hablado en Murcia (variedad dialectal murciana).

En *balamío* el hablante ha hecho una **síncopa** (pérdida de un sonido en interior de palabra), en este caso, de la consonante /d/ intervocálica (rasgo también muy frecuente en otras variedades del español):

balami(d)o > balamío

¡Curiosidad sobre la palabra **cauza**!

Cauza se recoge en uno de los primeros **vocabularios** o **glosarios OCULTOS** del murciano (listas de palabras incluidas en obras que no son exclusivamente diccionarios, glosarios o vocabularios).

Estos primeros glosarios ocultos intentan poner de manifiesto la singularidad y diversidad léxicas del murciano respecto de otras zonas del español.

En el caso de las **voces murcianas**, disponemos del **vocabulario oculto** y especializado realizado por **Antonio de Elgueta y Vigil**, incluido en su obra dedicada a la **seda** (1761).

"PÓNESE AL FIN UN DICCIONARIO, QUE EXPLICA LOS nombres y voces de este Arte, que se usan en este Reyno de Murcia".

CARTILLA
DE LA AGRICULTURA DE MORERAS
Y ARTE
PARA LA CRIA DE LA SEDA:

SUS REGLAS Y VARIAS OBSERVACIONES PARA el mejor modo de practicarlas.

DIVIDIDA EN TRES TRATADOS.

El I. de la Cultura de las Moreras.
El II. de la Habitacion para los Gusanos.
El III. de la Descripcion de estos Insectos, y el modo de su Cria y utilidades.

ADORNADA CON LAMINAS PARA FACILITAR su cabal inteligencia, no solo à los que se exerciten en su pràctica, sino tambien à los Physicos en la investigacion de la Naturaleza.

PONESE AL FIN UN DICCIONARIO, QUE EXPLICA LOS nombres y voces de este Arte, que se usan en este Reyno de Murcia.

SU AUTOR

Don *Antonio de Elgueta y Vigil*, Caballero del Orden de Santiago, Secretario del Secreto de la Inquisicion de Murcia, &c.

CON PRIVILEGIO.

Cauza. Es un mueble de esparto, mimbres, ó paja, en forma ovalada ò redonda, mas ó menos grande; su suelo llano, y sus paredes de quatro dedos de altas, con su tapadera; á modo de las de escusabaraja para su encage, pero abierta por lo alto, y solo tiene un crucero de la misma materia, á fin de contener la ropa que se ponga encima; la mayor es de dos palmos; vease *Lam. IV.* letras *X. Y.*

Ilustraciones 22:
Elgueta y Vigil: "Cauza", *Cartilla de la agricultura de moreras y arte para la cría de la seda...* (1971). AMM

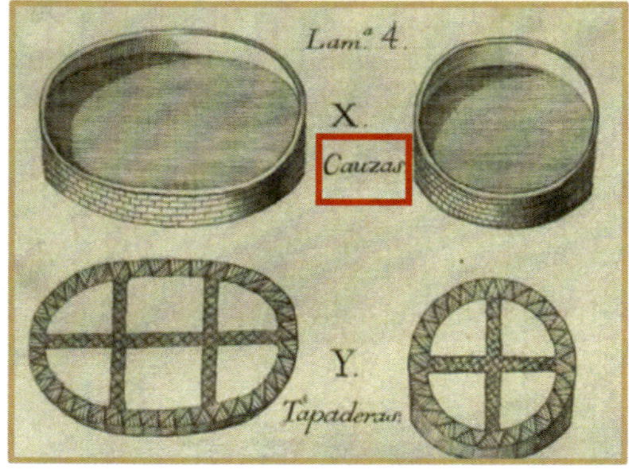

◼ Los murcianismos en el *DRAE*

Antes de seguir, ya conviene saber que la mayor parte de las **palabras**, **locuciones** y **sufijos** propios de la Región de Murcia llevan en el diccionario académico la **marca diatópica**, es decir, la zona geográfica en la que se emplean (*Mur.*).

A continuación, se muestran algunos ejemplos extraídos del *DRAE:*

> **bajoca**
>   1. f. *Mur*. Judía verde.
>
> **zarangollo**
>   1. m. *Mur*. Fritada de calabaza, cebolla y tomate, a los **que** suele añadirse otros ingredientes.

Algunos murcianismos se emplean también en otras regiones y **países**: *Ter.* (Teruel), *Nav.* (Navarra), *Col.* (Colombia), *C. Rica* (Costa **Rica**), *Ven.* (Venezuela), etc.:

> ***a bonico***
>   1. loc. adv. *Mur.* y *Ter.* En voz baja.
>   2. loc. adv. *Mur.* y *Ter.* En silencio

> ***-ico, ca***
>   1. suf. *And., Ar., Mur., Nav., Col., C. Rica, Cuba y Ven*. Tiene valor diminutivo o afectivo. *Ratico, pequeñica, hermanico*. A veces, toma las formas *-ececico, -ecico, -cico. Piececico, huevecico, resplandorcico*. En Colombia, Costa Rica, Cuba y Venezuela, solo se une a radicales que terminan en *-t. Gatico, patica*. Muchas veces se combina con el *sufijo -ito. Ahoritica, poquitico.*

En ocasiones, su procedencia o lugar se especifica en la definición:

> ***paparajote***
>   1. m. Dulce frito, típico de la región española de Murcia, que se prepara rebozando una hoja de limonero en una masa, generalmente de harina, leche y huevo, y se sirve espolvoreado con azúcar y canela.

¡Curiosidad sobre los **murcianismos** en el *DRAE!*

De los **252 murcianismos** que había en marzo de 2024 en el *DLE*, **183** son exclusivos de la Región de Murcia y **69** se comparten con las variedades del español de Andalucía, Albacete, Cuenca, Canarias, etc.

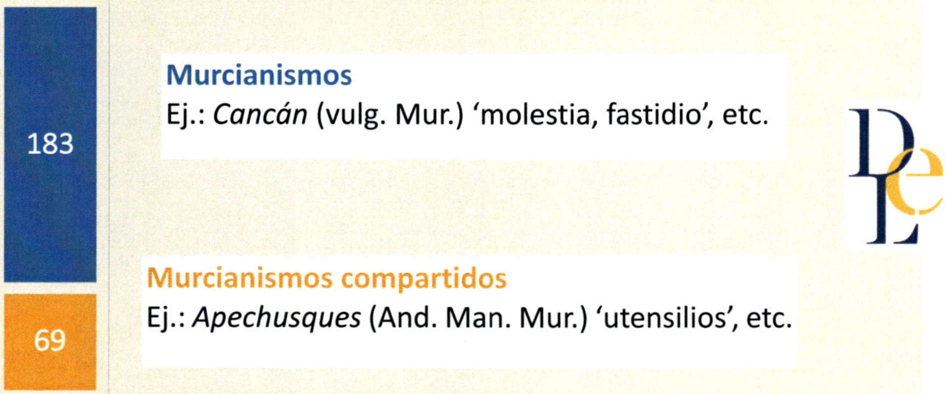

183

Murcianismos
Ej.: *Cancán* (vulg. Mur.) 'molestia, fastidio', etc.

Murcianismos compartidos
Ej.: *Apechusques* (And. Man. Mur.) 'utensilios', etc.

69

Gráfico 2: Murcianismos y murcianismos compartidos
con otras variedades del español

5

El barroco del español

Localización
Plaza del cardenal Belluga, conocida popularmente como plaza de la Catedral.

Barrio
La Catedral

Temática
San Isidoro y su legado a la Filología
La etimología de las palabras
Los hipocorísticos y las fórmulas de tratamiento
Los usos gráficos y las abreviaturas de épocas pasadas

Localización del punto 5

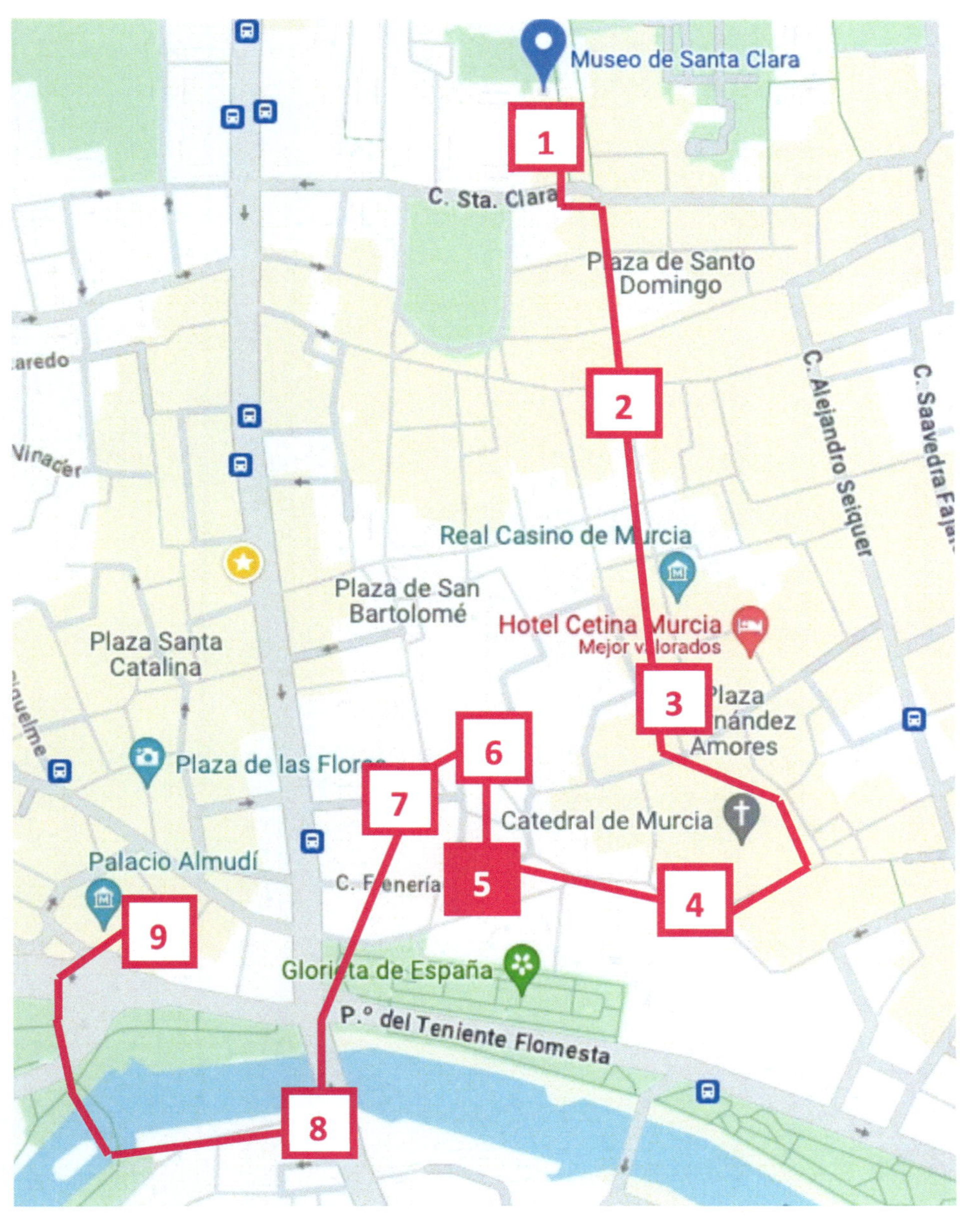

Fotografía 43: Fachada principal de la Catedral de **Murcia en la** Plaza del Cardenal Belluga. ©MURliNG

■ Convergencia del paisaje lingüístico y escultórico

Rodeando la catedral, se llega a su fachada principal (fotografía 43), ubicada en la Plaza del Cardenal Belluga, uno de los lugares neurálgicos más importantes de la ciudad.

El paisaje lingüístico y escultórico de esta localización permite hablar de tres aspectos que despiertan la curiosidad de los hablantes y que son muy significativos para la historia de la lengua española:

- el concepto de **etimología**,

- los **hipocorísticos**,

- los **usos gráficos**, sobre todo, las abreviaturas.

Fotografía 44: Placa con el nombre de la Plaza del Cardenal Belluga. ©MURliNG

■ El legado de san Isidoro de Sevilla a la Filología: las *Etimologías*

Fotografía 45: Fachada principal (imafronte) de la catedral de Murcia con las esculturas de los cuatro santos cartageneros ©MURliNG

En la fachada (imafronte) barroca de la catedral se encuentran cuatro hornacinas con veneras (conchas) en las que están las esculturas de los llamados **cuatro santos de Cartagena** o **cartageneros**: los hermanos san Leandro, san Fulgencio, san Isidoro y santa Florentina (fotografía 45).

De estos cuatro santos hay que destacar la figura de **san Isidoro de Sevilla** (nacido en el año 556 y fallecido el 636) por su relevancia para las investigaciones filológicas; además, es el patrón de las humanidades (fotografías 46 y 47).

San Isidoro fue uno de los hombres más ilustres de la Edad Media, alcanzó gran renombre por su categoría intelectual; a lo que hay que añadir que fue arzobispo de Sevilla, Doctor de la iglesia y presidió el IV Concilio de Toledo.

Su obra cumbre fue *Etymologiae* (*Etimologías*), compuesta por 20 volúmenes en los que refleja la evolución del conocimiento desde la antigüedad hasta el siglo VII (ilustración 23); tuvo una influencia enorme en las instituciones educativas de la Edad Media.

San Isidoro escribió *Etymologiae* en latín y en ella sentó las bases de la **Etimología**, disciplina que se ocupa del estudio del

- origen
- significado
- forma
- evolución

de las palabras

La **Etimología** es una materia auxiliar que proporciona el **étimo** (palabra o raíz) del que proceden.

NOCTE > noche

FILIA > hija

FORMICA > hormiga

OCULU > ojo

Fotografía 46: Escultura de san Isidoro de Sevilla en la fachada principal de la catedral de Murcia. ©MURliNG

RIPARIA > ribera

Ilustración 23: *Etimologías* de san Isidoro, manuscrito del siglo XII depositado en la Biblioteca de la RAE.

Fotografía 47: Estatua de san Isidoro en la escalinata de la BNE (Madrid). ©MURliNG

■ La nueva fachada principal de la catedral

Fotografía 48: Mural en la fachada principal de la catedral con motivo
de su restauración. Autor: José Manuel Puebla

En la actualidad (2024), la facha principal de la catedral está en proceso de restauración y cubrió durante unos meses con una lona efímera, realizada por José Manuel Puebla, en la que aparecían: personajes históricos y actuales, publicidad de las empresas patrocinadoras, etc., todo ello vinculado con la Región de Murcia.

Hay que destacar la presencia, por ejemplo, de Alfonso X el Sabio, los cuatro santos cartageneros, el Tío Pencho, la virgen de la Fuensanta, el conde de Floridablanca, entre otros personajes pasados y presentes.

■ Los hipocorísticos y las fórmulas de tratamiento en la Huerta de Murcia

Los **nombres propios** (antropónimos) de **san Fulgencio** y **santa Florentina** nos conducen directamente a un **paisaje lingüístico oculto** porque no vemos sus nombres (fotografía 45), pero sí que podemos intuirlos y saber cómo los nombraban en su entorno familiar, es decir, con que

nombres hipocorísticos

Florentina > Flora, Flori

Fulgencio > Pencho

Hipocorístico, a:

'Dicho de un nombre: Que, en forma diminutiva, abreviada o infantil, se usa como designación cariñosa, familiar o eufemística; p. ej., *Pepe, Charo*' (*DRAE*, 2001)

Esta forma de nombrar se ha dado desde siempre en el habla murciana y en el resto de las zonas en las que se habla español.

Fuensanta > Santi

Catalina > Cati

Daniel > Dani

José > Pepe

Teresa > Tere

Isabel > Isa

María Teresa > Maritere, Maite

María del Carmen > Mamen

ALBERTO > BERTO

Diego > Yago

Lucía > Luci

Antonia > Toñi

Manuela > Manoli

Ignacio > Nacho

Juan Francisco > Panchi

Francisco > Paco

Antonio > Tono, Toño, Toni

Francisca > Paca

◼ El Tío Pencho

Tira cómica: El Tío Pencho	Autor: Manuel Sánchez Baena. Disponible en Félix Cepriá (2008): "Manuel Sánchez Baena" en *Tebeosfera*. (Consulta junio de 2024)

Hay un personaje de ficción en la Región de Murcia al que sólo se le conoce por su nombre hipocorístico; los lugareños de la Región de Murcia podrán averiguarlo fácilmente: **El Tío Pencho**.

Manuel Sánchez Baena, autor de la viñeta o tira cómica, que aparecía todos los días en el diario *La Verdad* de Murcia, supo reflejar perfectamente el **paradigma del habla de una zona de la Región de Murcia y siempre con un buen sabor de boca humorístico**.

El nombre de esta tira cómica está formado por un

ARTÍCULO + *TÍO* + HIPOCORÍSTICO

*EL   **TÍO**   PENCHO*

La estructura **artículo + *tío* / *tía*** fue una **FÓRMULA DE TRATAMIENTO en la Huerta de Murcia** y podía ir acompañada de un **antropónimo** (nombre propio) o de un **hipocorístico**:

Artículo + *tío* / *tía* + antropónimo	Artículo + *tío* / *tía* + hipocorístico
• *El tío Fulgencio*	• *El tío Pencho*
• *El tío Francisco*	• *El tío Paco*
• *La tía Francisca*	• *La tía Paca*

La utilización del nombre propio precedido del artículo determinado (*el, la*) se remonta al **siglo XV** y su empleo es **generalizado en muchas zonas en las que se habla español, no solo en Murcia**. Su origen se encuentra en una estructura culta latina.

Hoy en día, hay zonas del español en las que se considera un **coloquialismo**, pero hay otras en las que su uso está estigmatizado y, por tanto, se observa como un **vulgarismo**. En el caso de Murcia, podría existir una influencia catalana y, por ello, que sea un fenómeno de convergencia entre una solución del castellano y del catalán; una sería coloquial y otra normativa en las respectivas lenguas.

¿Bibliografía para conocer más sobre el uso del nombre propio (antropónimo) precedido del artículo *el* o *la*?

Calderón Campos, Miguel (2015): "El antropónimo precedido de artículo en la historia del español", *Hispania*, 98/1, pp. 79-93.

< https://goo.su/Md0wCS>

Fuente para conocer más a El Tío Pencho y a su creador

Exposición "Medio siglo con el Tío Pencho", *La Verdad*.

< https://goo.su/mVaMGp>

Fotografía 49: Fachada principal del Palacio Episcopal. ©MURliNG

■ Usos gráficos de épocas pasadas

En la Plaza del Cardenal Belluga se encuentra el Palacio Episcopal; en su fachada norte se halla una de las lápidas que más información ofrece sobre los usos gráficos del castellano de épocas pasadas:

- abreviaturas de vocales y consonantes con *lineta,* también llamada *virgulilla*, (recordemos que es la raya o línea corta que aparece encima de la consonante anterior a la abreviatura) o con *letras voladas;*
- dígrafos (dos letras) cultos de origen griego o latino;
- grafías vocálicas con valor consonántico.

Las formas de escritura despiertan gran interés y curiosidad, como se ve a lo largo de esta ruta; en especial, el uso de las letras voladas y la lineta:

haviendo^{le} > habiéndole   đ > de

maiordo^{mo} > mayordomo   đho > dicho

Obisp^{o} > Obispo

Como se comprueba en la siguiente fotografía, el manejo de estos usos gráficos no es sistemático, es decir, no siempre se producen, depende de muchos factores.

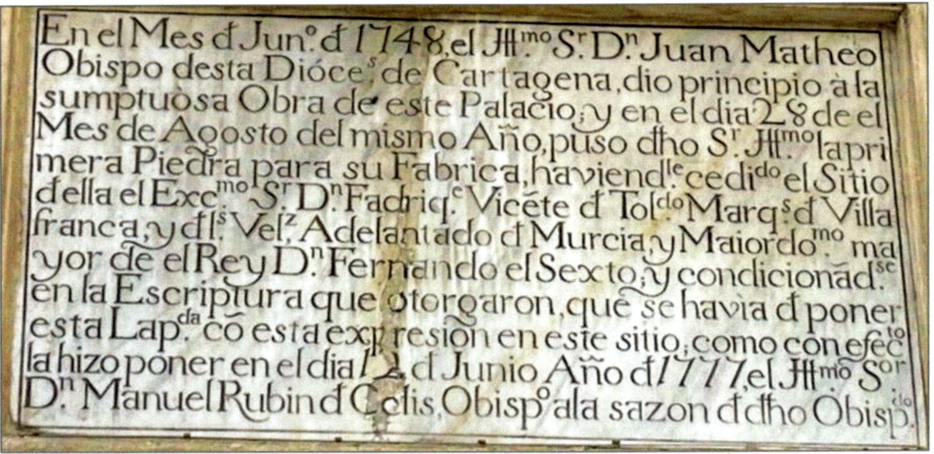

Fotografía 50: Lápida de la fachada principal del Palacio Episcopal
©MURIiNG

En la transcripción se desarrollan las abreviaturas y se ponen en su lugar las letras voladas:

"En el Mes d*e* Jun*io* d*e* 1748, el Ill*ustrísi*mo S*eñor*. D*on* Juan Ma*the*o, Obispo d*e* esta Dióce*sis* de Cartagena, dio principio à la Sum*pt*uòsa Obra de este Palacio; y en el día 28 de el Mes de Agosto del mismo Año, puso d*ic*ho Sr. Ill*ustrísi*mo la primera Piedra para su Fábrica, haviend*ole* cedi*do* el Sitio d*e*ella el Exc*elentísi*mo Sr. Don Fradrique Vice*n*te d*e* Tol*edo* Marq*ués* de Villa/ franca, y d*e los* Vél*ez*, Adelantado d*e* Murcia, y Ma*i*ordo*mo* ma/ yor de el Rey Don Fernando el Sexto; y condicioná*ndose* en la Escriptura que otorgaron, que se había d*e* poner esta Láp*ida* co*n* esta expresión en este sitio; como con efec*to* la hizo poner en el día 12 de Junio Año d*e* 1777, el Ill*ustrísi*mo. / S*eñ*or. Don Manuel Rubin d*e* Celis, Obisp*o* ala sazón d*e* d*ic*ho Obisp*ado*".

6

Palabras de origen árabe

Localización
Calle Azucaque

Barrio
La Catedral

Temática
El vocabulario de origen árabe
La "ene" invertida

Localización del punto 6

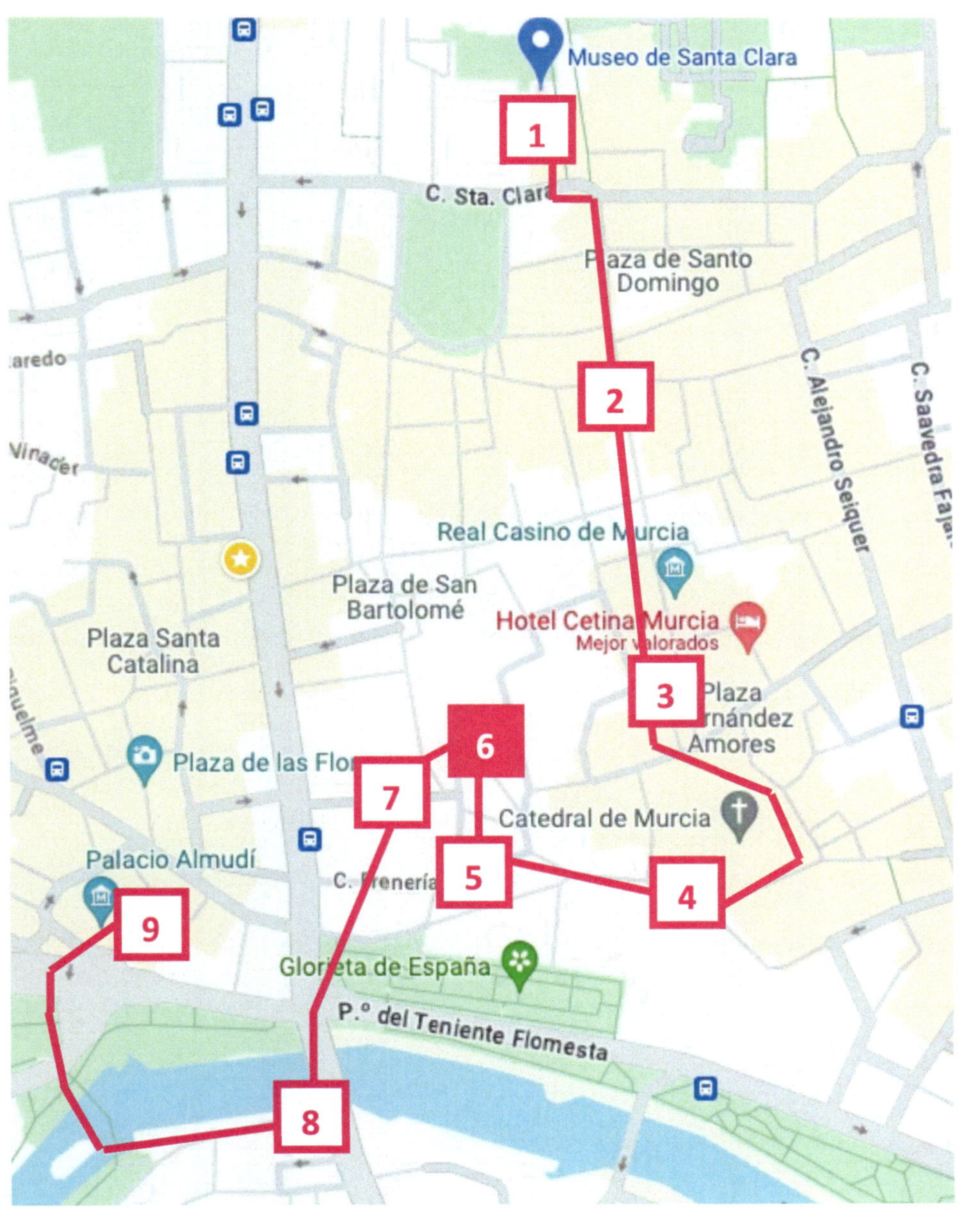

Fotografía 51: Calle Azucaque (I) ©MURliNG

■ Vocabulario de origen árabe

Desde la fachada principal de la catedral se accede a la calle Escultor Nicolás Salzillo y, desde ahí, directamente a la calle Azucaque (fotografías 51 y 52). En este punto de la ruta se hace patente la influencia de la lengua árabe en el paisaje lingüístico.

Los arabismos formaron y forman parte de la vida cotidiana de los habitantes de la ciudad; no obstante, Justo García Soriano escribió en la introducción de su *Vocabulario del dialecto murciano* que

La influencia del vocabulario de origen árabe destaca, principalmente, en tres ámbitos: el **diseño y nombre de las calles,** el **agua** y los **sistemas de canalización.**

Fotografía 52: Calle Azucaque (II)
©MURliNG

"La Murcia medieval era una ciudad de diseño musulmán adaptado a las costumbres cristianas. Las calles eran estrechas y quebradas, con plazas muy pequeñas y las casas volcadas hacia el interior".

Isabel García Díaz (2016: 9)

■ Callejón de Azucaque o calle Azucaque

Aquí hay que poner la vista hacia el nombre

CALLEJÓN DE AZVCAQVE,

cincelado en piedra (fotografía 53), que introduce al caminante a una calle muy estrecha, que mantiene el diseño original de las calles musulmanas, como se ha visto en las dos fotografías anteriores.

Con el paso del tiempo, la palabra *callejón* fue sustituida por el hiperónimo *calle* ('palabra cuyo significado está incluido en el de otras') (fotografía 54):

CALLE AZUCAQUE

Fotografía 53: Nombre del Callejón de Azucaque, labrado en piedra con una "N" invertida
©MURIiNG

Fotografía 54: Placa con el nombre Calle Azucaque. ©MURIiNG

Quizá, debería haberse mantenido el sustantivo *callejón* porque su significado se adecúa más al diseño estrecho y largo de la calle; además, la palabra *callejón* tiene un cierto aire de misterio.

callejón	Del aumentativo de *calleja*. Paso estrecho y largo entre paredes, casas o elevaciones de paredes.
calleja	Calle estrecha
calle	Vía pública, habitualmente asfaltada o empedrada, entre edificios o solares.

La "ene" invertida

La inscripción con el nombre *Callejón de Azucaque*, cincelado en el **picoesquina** del Palacio Fontes (fotografía 53), esconde una de las cosas más curiosas que nos podemos encontrar en el paisaje lingüístico:

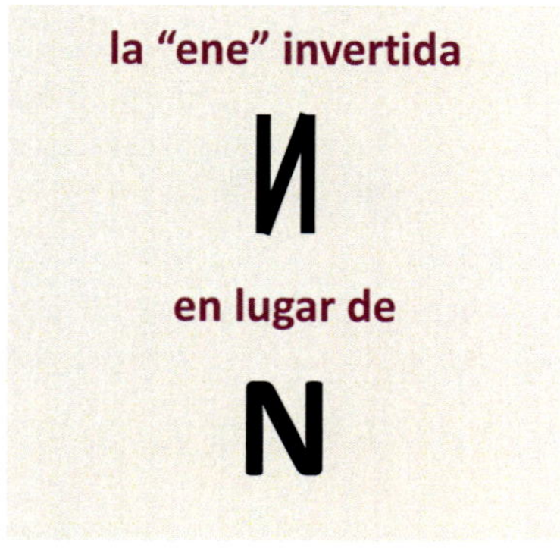

No es un fenómeno extraño en los paisajes lingüísticos de otras ciudades; por ejemplo, se puede ver en la catedral de Santa María de Tarragona (Lozano Arribas 2017).

La forma de la "ene" invertida es una letra que está presente en la mayoría de los alfabetos cirílicos; sin embargo, no hay que irse tan lejos para explicar esta forma en la inscripción del Callejón de Azucaque. Es muy probable, por no decir seguro, que se debiera a la falta de pericia del maestro cantero en el conocimiento de la representación escrita de este sonido nasal.

¡Curiosidad sobre la palabra azucaque!

¿Sabías que la palabra *azucaque* ('callejón estrecho y sin salida')

solo se encuentra en dos diccionarios?

La búsqueda de esta palabra de origen árabe en diccionarios y vocabularios da —hasta donde hemos podido encontrar— dos registros:

1) En **1693** en el *Tesoro de la Lengua Castellana* de Juan Francisco de Ayala, que define *azucaque* como calle angosta, estrecha, mal formada y sin salida (ilustración 24):

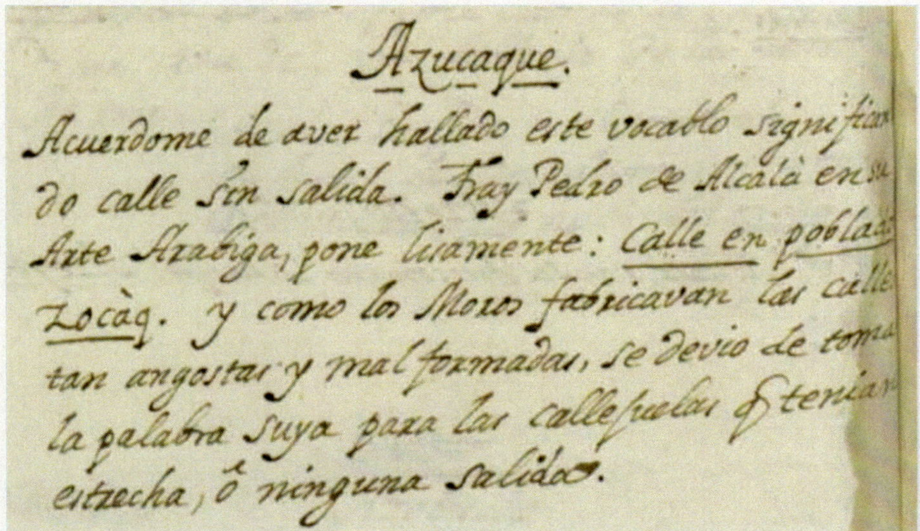

Ilustración 24: Definición de la palabra *azucaque* en el *Tesoro de la Lengua Castellana* (1693) de Juan Francisco de Ayala. BDH

2) En **2007** en el *Vocabulario de las Hablas Murcianas. El Español hablado en Murcia* de Diego Ruiz Marín:

> "Nombre que, desde el siglo XV, se da en
> Murcia a los adarves. Callejón ciego o
> grupo de ellos. Callejón con revueltas".

Es curioso que esta palabra no aparezca en los vocabularios murcianos de J. García Soriano (1932) y A. Sevilla (1919).

Azucaque está, lógicamente, muy vinculada con la palabra ***adarve*** tanto por su significado como por su origen árabe.

Hubo un tiempo que, en la ciudad de Murcia, se podía callejear de adarve en adarve, como refleja el plano de la ilustración 25.

En la actualidad, uno de los adarves mejor conservados y cuidados de la ciudad es el **adarve de Cortés** (fotografía 55), ubicado en el Barrio de San Pedro y marcado con un círculo de color negro en la ilustración 25; el resto de los adarves conservados hasta 1896 se señalan en color rojo.

¿Qué dice el *DRAE* acerca de **adarve**?

adarve	1. En las antiguas ciudades musulmanas, callejón particular (sin salida) que daba acceso a las viviendas situadas en él y se cerraba por las noches.
	2. Calleja o callejón sin salida.

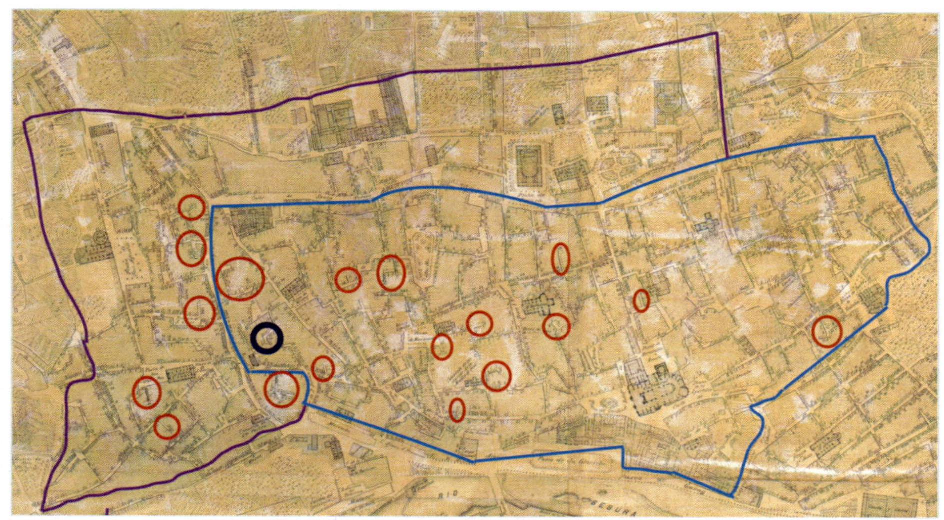

Ilustración 25	Adaptación del plano general de la ciudad de Murcia de 1896 de P. Cerdrán con los adarves que todavía se conservaban. BVPB

Fotografía 55: Adarve de Cortés (Calle Cortés, Barrio de San Pedro). ©MURliNG

7

Vocabulario gastronómico murciano

Localización
Calle Polo de Medina

Barrio
La Catedral

Temática
Salvador Vicente Polo de Medina
Vocabulario gastronómico heredado, autóctono y creativo

Localización del punto 7

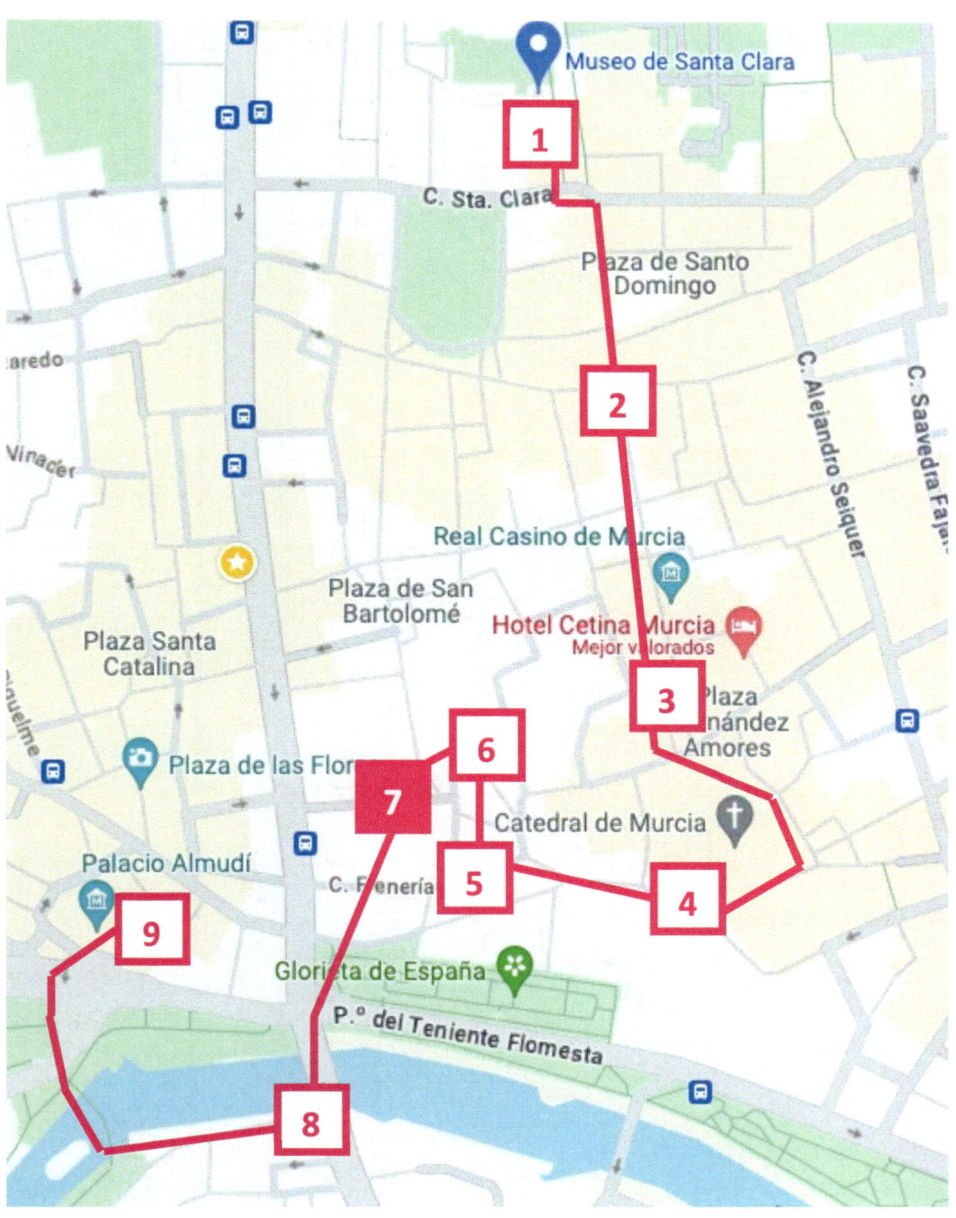

Fotografía 56: Vista de la calle Polo de Medina. ©MURIiNG

■ Donde se juntan la literatura y el buen yantar ('comer')

Justo al finalizar la calle Azucaque y girando a mano izquierda, se encuentra la calle Polo de Medina (fotografía 56).

Esta calle, al igual que otras muchas de la ciudad, ha tenido varias mudanzas toponímicas a lo largo de su historia: primero se llamó **calle del Horno**, luego **calle del Cabrito** y, por último, **calle Polo de Medina**.

Fotografía 57: Placa de metal con el nombre
de la calle Polo de Medina. ©MURIiNG

■ Salvador Jacinto Polo de Medina

Polo de Medina (1603-1673) fue un escritor murciano y discípulo de Francisco Cascales. La historia de la literatura lo califica como uno de los grandes autores humorísticos, satíricos y burlescos del Siglo de Oro. Entre sus obras destacan:

- *El buen humor de las musas* (1630)
- *Ocios de soledad* (1633)
- *Fábula de Apolo y Daphne, burlesca* (1634)

¿Conocer más sobre Polo de Medina en el paisaje lingüístico?

No muy alejada de la ruta, en la fachada de la iglesia de Santa Catalina (Plaza de Santa Catalina), hay una lápida que recuerda que el escritor y sacerdote murciano fue enterrado en ese lugar (fotografía 58).

Fotografía 58: Lápida en mármol dedicada a Polo de Medina en la fachada de la iglesia de San Bartolomé. ©MURIiNG

■ Vocabulario gastronómico murciano

Esta localización de la ruta introduce al caminante directamente al vocabulario de la rica gastronomía murciana, como un elemento importante de su cultura.

Cuando se habla de gastronomía, no se entiende únicamente como el conjunto de alimentos o platos típicos de una localidad, sino que abarca un concepto mucho más amplio que incluye las bebidas, las costumbres alimentarias, las tradiciones, los procesos, las personas y los estilos de vida que se definen alrededor de la misma (Hernández-Mogollón *et al.*, 2015; Torres Oñate *et al.*, 2017).

En el caso de la Región de Murcia, tenemos platos que son seña de identidad de la gran riqueza gastronómica heredada de los diversos pobladores que ha tenido este territorio; del mismo modo, muchas denominaciones de los productos culinarios son también reflejo de la huella lingüística que dejaron en las hablas murcianas:

- arabismos: *alcacil* (*alcachofa*);
- catalanismos: *crilla* (*patata*), *pésol* (*guisante*), *bajoca* (*judía verde*);
- etc.

Fotografía 59: Vista de la bodega Los Zagales. ©MURliNG

Aquí nos detenemos en uno de los locales gastronómicos más antiguos de Murcia: la bodega *Los Zagales* (fotografía 59).

En su fachada puede verse una placa del grupo MURlinG (fotografía 60) que invita al caminante a degustar la gastronomía murciana.

La carta de **tapas murcianas**, expuesta en dos pizarras exteriores (fotografía 61), ofrece un paisaje lingüístico repleto de vocabulario gastronómico al que, en ocasiones, se le añade:

- algún rasgo caracterizador de la variedad dialectal (sufijo *-ico*),
- alguna creatividad del local o
- alguna expresión en inglés.

paparajotes, michirones, marineras, zarangollo, matrimonios

zagalicos variados

take away

Fotografía 60: Placa del grupo ©MURliNG en la fachada principal de la bodega Los Zagales

"El vocabulario gastronómico murciano es un rico patrimonio lingüístico y cultural, cuyos productos y platos reflejan la huerta, el mar y la creatividad de sus gentes".

©MURliNG

Fotografía 61: Pizarras con las tapas, raciones y especialidades de la taberna Los Zagales. ©MURliNG

■ El sufijo *-ico:* la expresividad del murciano

Anteriormente, se ha visto que una de las tapas de la bodega Los Zagales termina con el sufijo *–ico*:

Este sufijo es uno más de los castellanos; Santa Teresa, Góngora, Quevedo, Cervantes, entre otros, lo utilizaron en sus obras.

Con el paso del tiempo, *-ico* ha quedado restringido a algunas zonas dialectales, tal y como se ha escrito en páginas anteriores (54 y 109); el murciano lo comparte con el aragonés, el andaluz oriental y con algunas zonas del español del Caribe (Cuba, Costa Rica, Colombia y Venezuela).

En **Murcia** es **¡el sufijo por excelencia!** que enriquece el habla aportándole matices y expresividad a muchas de las cosas que se dicen:

- *¡Qué cosa más bonica!* (cuando se ve algo entrañable, bonito...).

- *Llego en cinco minuticos* (pueden ser más de cinco minutos).

- *¡Nenica!, ¿tú qué te has creído?* (cuándo se muestra enfado).

Hoy en día, se ha convertido en un caracterizador dialectal de todos los grupos sociales.

Lo que sí es exclusivo del murciano es la variante palatalizada de *–ico*, es decir, *-iquio*, que se usaba, casi únicamente, en la zona de la huerta:

tomate > tomatiquio

■ Vocabulario culinario murciano con identidad

Pava

Lingüísticamente, *pava* es una palabra muy curiosa porque es común al español, pero en Murcia se le añade un nuevo significado: *coliflor*.

Quizá, el motivo de ese nuevo significado sea consecuencia de haber realizado una **metáfora de imagen**, en otras palabras, lo qué ha hecho el hablante ha sido proyectar la imagen que se tiene de un pavo (con su gran cola desplegada) sobre la imagen de una coliflor con sus grandes hojas verdes (fotografía 62).

Fotografía 62: Fuente de la fotografía "El cultivo de la coliflor en el huerto", *Agromática".*

https://www.agromatica.es/el-cultivo-de-la-coliflor/

¿Qué dicen los vocabularios murcianos de la palabra *pava*?

> **pava**. f. Coliflor. En la ciudad de Murcia tienen fama las del partido rural de *La Arboleja*.

Ilustración 26: Definición de la palabra *pava* en el *Vocabulario murciano* de A. Sevilla (1919)

> **Pava.** *(De la Arboleja)*. Coliflor.

Ilustración 27: Definición de la palabra *pava* en el *Vocabulario del dialecto murciano* de J. García Soriano

¡Curiosidad del olor de la *pava* cuando hierve!

¿Sabías que hay una explicación científica para el olor que desprende la pava (coliflor) cuando está hirviendo?

"La coliflor y sus parientes como la col, la col de Bruselas y el brócoli [...] se caracterizan por tener compuestos **órganos-sulfarados** y también la **enzima mirosinasa**, que es inactiva en el medio ácido de los tejidos celulares. Cuando estos se rompen al partir y trocear el vegetal, **la enzima se activa** y provoca la transformación de los compuestos organo-sulfurados en isotiociantos, que a su vez se descomponen por el calor de la cocción en mercaptanos, amoniaco y sulfhídrico (responsable del clásico olor a huevos podridos. [...] **Cada cinco minutos de cocción se duplica la cantidad de productos maloliente.**" (Pérez Conesa, 1998: 68).

Fotografía 63: Portada del libro de Joaquín Pérez Conesa (1998)

Cascaruja

Cascaruja (fotografía 64) está siendo sustituida por *frutos secos*.

Es una palabra que la **Real Academia Española** incorporó en su diccionario de 1925, marcándola como *murcianismo*. Se mantiene así hasta la actualidad. También se recoge en varios **vocabularios murcianos** y en diccionarios de uso del español, de entre los que hay que destacar el *Diccionario de uso del español* de **María Moliner**, que vivió en Murcia durante 6 años (1924-1929):

Fotografía 64: Cascaruja.
Fuente: Ruralmur.com.
Artesanía, ocio y turismo rural

cascaruja (Murcia; n. colectivo)."«*cascojo*», *Frutos secos: almendras, avellanas, cacahuetes*, etc."

¿Qué dice el *DRAE* de la palabra **cascaruja**?

Cascaruja

Murc. cascojo. (conjunto de frutas de cáscaras secas)

¡Es un **murcianismo**!

¿Qué dicen los vocabularios murcianos de la palabra **cascaruja**?

Cascaruja. Conjunto de almendras, avellanas, nueces y garbanzos tostados.

Ilustración 28: Definición de la palabra *cascaruja* en el *Vocabulario murciano* de A. Sevilla (1919)

Ilustración 29: Definición de la palabra *cascaruja* en el *Vocabulario del dialecto murciano* de J. García Soriano (1932)

Zarangollo

El *zarangollo* es uno de esos platos murcianos que tiene tantas variedades en sus ingredientes como zonas en las que se cocina (fotografía 65): lo hay con tomate, sin tomate; con pimiento, sin pimiento, etc., pero sus

ingredientes básicos son:

- calabacín
- cebolla
- huevo
- aceite de oliva
- sal

Fotografía 65: *Zarangollo*. Fuente: Concejalía de Turismo del Ayuntamiento de Murcia

¿Qué dice el *DRAE* de la palabra

zarangollo?

Zarangollo

Murc. Fritada de calabaza, cebolla y tomate, a los que suelen añadirse otros ingredientes.

¡Es un **murcianismo**!

¡Curiosidad sobre la palabra

zarangollo!

¿Sabías que *zarangollo* se recogió como un murcianismo por primera vez en 1788 en un diccionario sobre las voces de la ciencia y las artes?

Ilustración 30: Portada del *Diccionario castellano de las voces de ciencias y artes y sus correspondientes en las tres lenguas* de Esteban de Terreros y Pando. BDH de BNE

Ilustración 31: voz *zarangollo*

ZARANGOLLO, llaman en Murcia al compuesto de pimientos, tomates, calabazas, berengenas, &c. En otras partes le llaman *ciquitroque*, en otras *pisto*; y en algunas, si el compuesto es de tomate y pimiento, le llaman *fandango*, y todos son nombres voluntarios.

Paparajote

El paparajote es el postre murciano por excelencia (fotografía 66), sin desmerecer al resto de dulces típicos de la región.

Fotografía 66: *Paparajotes*. Fuente: Concejalía de Turismo del Ayuntamiento de Murcia

Ingredientes:

- leche
- gaseosa
- huevos
- harina
- levadura
- azúcar
- canela
- aceite de oliva
- hojas de limonero muy frescas (¡el ingrediente básico!)

La **Real Academia Española** la incluyó en la actualización de diciembre de **2021** del *Diccionario de la lengua española*.

¿Qué dice el *DRAE* de la palabra **paparajote**?

Dulce frito, típico de la **región española de Murcia** que se prepara rebozando una hoja de limonero en una masa, generalmente de harina, leche y huevo, y se sirve espolvoreado con azúcar y canela.

¡Curiosidad sobre la palabra **paparajote**!

¿Sabías que también nos puede *dar un paparajote*?

No solo podemos **comer paparajotes**, sino que también nos puede **dar un paparajote**, es decir, un minivahído, un miniataque, un trastorno ('alteración leve de la salud'), etc. El grado de intensidad del **paparajote** dependerá de muchos factores.

Alberto Sevilla incorporó la acepción 'pataleta' en su *Vocabulario* (ilustración 32), y puede formar parte del mismo ámbito semántico que *miniataque*, *trastorno*, etc.

Ilustración 32:
La voz *paparajote* en el *Vocabulario murciano* de A. Sevilla (1919).
BDH de la BNE

Paparajote. Fruta de sartén, compuesta de harina, leche, azúcar y huevo. || Pataleta.

■ Aperitivos para *abrir boca* ('despertar el apetito')

Marinera

Esta tapa murciana es un reflejo de las nuevas realidades gastronómicas que surgen en Murcia.

La palabra *marinera* pone de manifiesto la vitalidad de la lengua y la genialidad de la persona a la que se le ocurrió el nombre, pues, **quizá**, realizó una sencilla **metáfora de imagen**: la forma de una marinera nos recuerda a un barco.

Se ha convertido en la tapa estrella de Murcia y empieza a servirse fuera de la región.

Ingredientes:

- rosquilla
- ensaladilla rusa
- anchoa

Fotografía 67: "La marinera, el marinero, la bicicleta". Fuente: Carlos Capel, José Carlos, *El País*. 24-10-2012. Rotulación ©MURliNG

Marinero

Es una variación de la marinera. Sus ingredientes son:

- rosquilla
- ensaladilla rusa
- boquerón en vinagre

Bicicleta

La clásica *marinera*, pero sólo con dos ingredientes:

- rosquilla
- ensaladilla rusa

8

Un río de palabras

Localización
Puente de los Peligros y pasarela de Manterola

Barrios
La Catedral y El Carmen

Temática
Inscripciones en latín
Un paisaje lingüístico muy oculto bajo el puente
    de Los Peligros
El vocabulario relacionado con el agua

Localización del punto 8

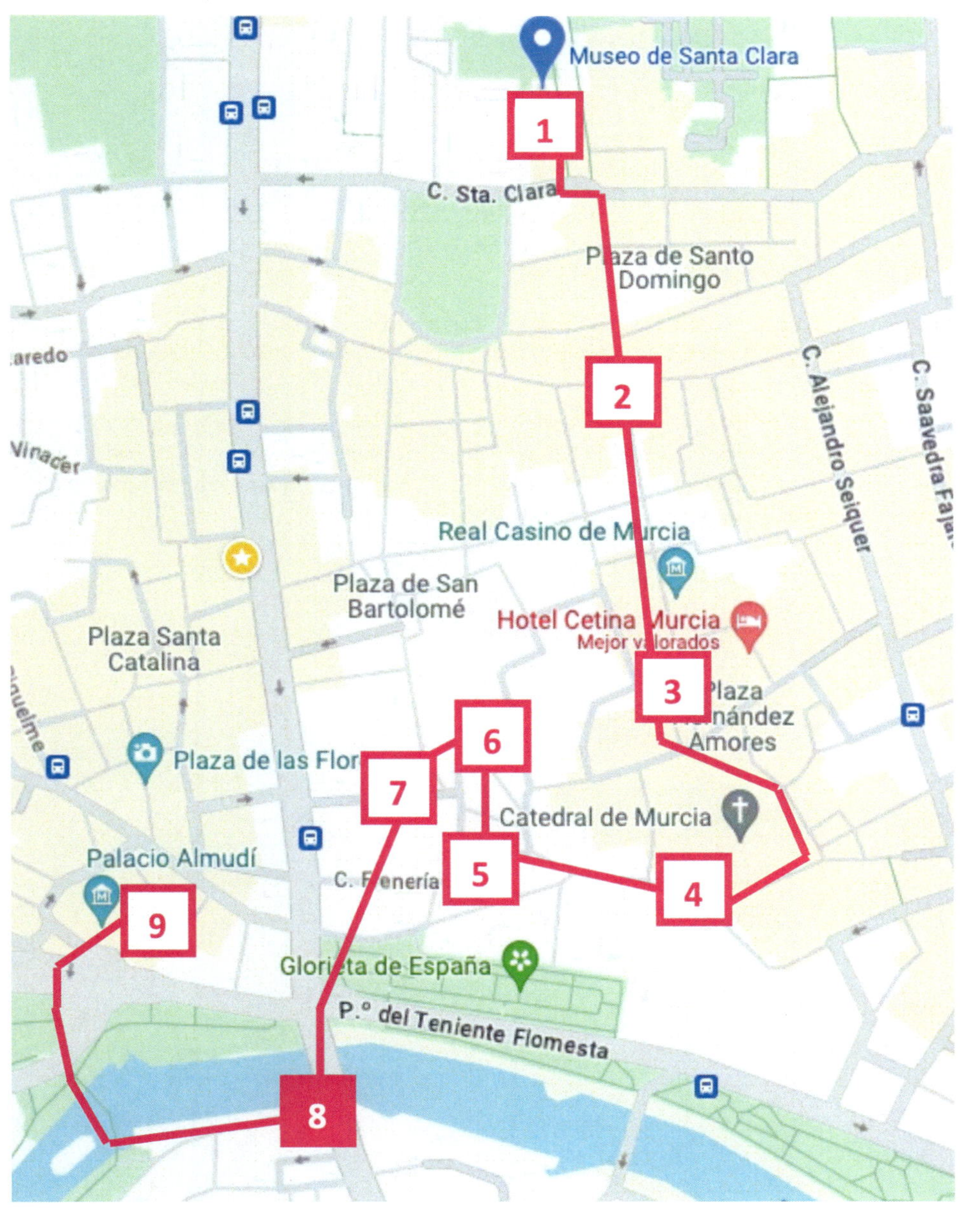

Fotografía 68: Vista del puente de Los Peligros desde la
pasarela de Manterola, ©MURIiNG

■ Sentimientos enfrentados: el aire fresco del río Segura y los balamidos de las riadas

Continuando dirección hacia el puente de Los Peligros (fotografía 68), se llega al siguiente punto de la ruta en el que confluyen varios sentimientos provocados por el fluir del río Segura:

- **en los días muy calurosos**, un aire fresco, que alivia el sofocante bochorno, y

- **en los días muy lluviosos**, el miedo a una posible riada, que puede traer el *balamido* o *balamío,* es decir, el 'ruido que forma la inundación' (Sevilla, 1919), con consecuencias personales y materiales muy dramáticas.

El **río** y todo **lo que gira a su alrededor**: sistemas de riego, construcciones hidráulicas, etc. **han enriquecido el vocabulario murciano** a lo largo de su historia.

Fotografía 69: Vista del río Segura a su entrada en la ciudad de Murcia. Al fondo, se encuentra la pasarela de Manterola ©MURliNG

■ Paisaje lingüístico que esconde el puente de Los Peligros

En el año 2015 se descubrió, casi por casualidad, una inscripción que se encuentra bajo el arco izquierdo del puente de los Peligros (fotografía 70). En ella está la inscripción y la fecha en la que fue concluida la reconstrucción del puente tras el paso de la riada de 1740 (fotografía 71).

Fotografía 70: Lugar de la inscripción labrada bajo el arco izquierdo del puente de Los Peligros. ©MURliNG

Fotografías 71: Inscripción labrada bajo el arco izquierdo del Puente de los Peligros. Fuente: Confederación Hidrográfica del Segura. Señalización y transcripción, ©MURLiNG

En esta inscripción, nos volvemos a encontrar con un **paisaje lingüístico** que recrea los **usos gráficos** del siglo XVIII:

1. Abreviaturas:

Đ > *DE*

2. Usos gráficos no sistemáticos:

Λ > A = *DIΛ*
A > A = *DÍA*

Đ > DE
DE > DE

3. Grafía consonántica para representar un sonido vocálico:

V > U = *NVESTRA, PVSO, ASVMCIO, VLTIMA*

4. Letra volada y superpuesta:

SEÑR^A > SEÑORA
NVESTRA > NUESTRA

¡LO MÁS CURIOSO!

La posición de la vocal "o" en *SEÑORA*, superpuesta a la consonante palatal "Ñ", que bien podría estar como letra volada, al igual que la "A" de SEÑR^A. También se podría pensar en el espacio físico del que el maestro cantero disponía o quería disponer para realizar la leyenda sobre dos piedras, o incluso, en su creatividad gráfica.

"Riadas en Murcia", AMM:

<https://www.archivodemurcia.es/Noticia-Ver/17/Riadas-en-Murcia>

"Cronología de riadas en la cuenca del Segura", CHS:

<https://www.chsegura.es/es/confederacion/un-pocodehistoria/cronologia-de-riadas-en-la-cuenca-del-Segura/>

"
SALUS IN
PERICULIS

SALUD EN LOS
PELIGROS

Fotografía 72: Vista del templete con la Virgen de
Los Peligros. ©MURliNG

■ Paisaje lingüístico en latín: la Virgen de los Peligros y las riadas

El templete con la virgen de Los Peligros (fotografía 72), situado junto al puente que lleva su nombre, está muy unido a dos sentimientos: alivio y miedo.

Encima de la hornacina de la Virgen, hay una inscripción en latín (*Salus in periculis*), que implora por la salud en los peligros, especialmente, en época de riadas.

Es un lugar que, habitualmente, tiene un paisaje lingüístico escrito por personas anónimas que agradecen a la virgen que haya escuchado sus rogativas (fotografía 73); aunque también hay otras que incitan a comportamientos respetuosos (fotografía 74).

<table>
<tr><td>

Fotografía 73: Mensaje laudatorio a la virgen de Los Peligros. ©MURliNG

</td><td>

Fotografía 74: Ruego a los hurtadores de flores. ©MURliNG

</td></tr>
</table>

Bajo la hornacina hay una inscripción (fotografía 75) muy curiosa que recuerda que, si se reza a la Virgen de los Peligros, se concederán:

- 40 días de indulgencias por parte del que fuera obispo de Cartagena, Tomás Brian Livermore, y

- 320 días de indulgencias por otros cardenales y obispos.

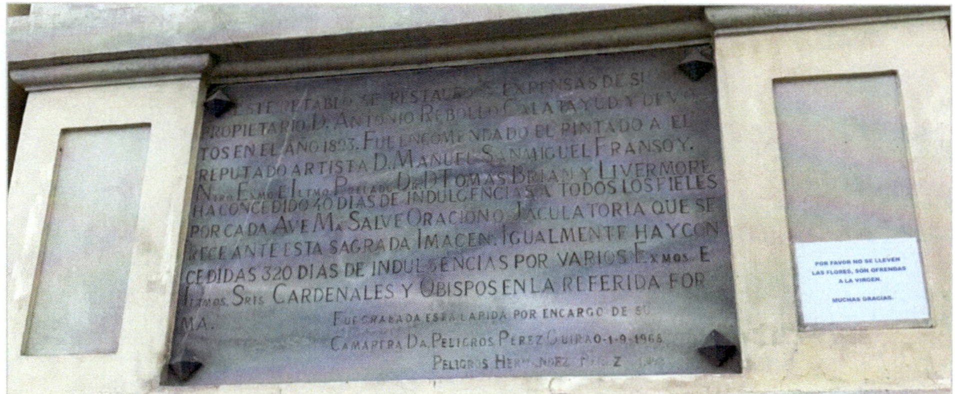

Fotografía 75: Inscripción de la hornacina del puente de Los Peligros. ©MURliNG

ESTE RETABLO SE RESTAURÓ A EXPENSAS DE SU PROPIETARIO D. ANTONIO REBOLLO CALATAYUD Y DEVOTOS EN EL AÑO 1893. FUE ENCOMENDADO EL PINTADO A EL REPUTADO ARTISTA D. MANUEL SAN MIGUEL FRANSO Y NTRO. EXMO. E ILTMO. PRELADO DR. D. TOMÁS BRIAN Y LIVERMORE HA CONCEDIDO **40 DÍAS DE INDULGENCIAS A TODOS LOS FIELES POR CADA AVE MARÍA, SALVE, ORACIÓN O JACULATORIA QUE SE RECE ANTE ESTA SAGRADA IMAGEN**. IGUALMENTE HAY CONCEDIDAS **320 DÍAS DE INDULGENCIAS** POR VARIOS EXMOS. E ILTMOS. SRES CARDENALES Y OBISPOS EN LA REFERIDA FORMA.
FUE GRABADA ESTA LÁPIDA POR ENCARGO DE SU CAMARERA DA. PELIGROS PÉREZ GUIRAO – 1-9-1968

■ Una vista privilegiada a la pasarela de Manterola

Fotografía 76: Bajada desde el puente de los Peligros hacia la pasarela de Manterola. ©MURliNG

Fotografía 77: Vista de la pasarela de Manterola desde el puente de Los Peligros. ©MURliNG

Junto al templete de la Virgen de los Peligros se desciende por una escalera (fotografía 76) hacia la pasarela de Manterola (fotografía 77); lugar desde el que se tiene una **vista privilegiada** de uno de los espacios más bonitos de la ciudad; pero, sobre todo, es un lugar desde el que disfrutar y ver el vocabulario relacionado con el agua.

■ Vocabulario relacionado con el agua

Fotografía 78: Vista del azud del margen izquierdo del río Segura (I). ©MURliNG

El vocabulario vinculado con el agua, los sistemas de riego, construcciones de canalización, etc., bien específico del murciano, bien compartido con otras zonas del español, es muy amplio:

acequia, acequiaje,

albellón, azarbe,

azarbeta, azarbón, azud,

azuda, brazal,

brazalero, corrental,

correntía, escurridor,

malecón, marmota,

mota, partidor,

portillo, rafa,

riada, sobrecequiero,

tanda, etc.

Fotografía 79: Vista del azud del margen derecho del río Segura (I). ©MURliNG

Para este punto de la ruta se han seleccionado tres palabras que aparecen en el paisaje natural y arquitectónico, que se funden con el lingüístico: *azud*, *mota* y *malecón*.

Azud

El *azud* es una especie de barrera o presa pequeña construida en los ríos para elevar el nivel del agua y derivarla hacia canalizaciones laterales (acequias, molinos, etc.) para, así, aprovechar la fuerza del agua con fines de regadío o para mover las piedras que molían el grano en los molinos.

Desde la pasarela de Manterola, se ven perfectamente los dos azudes, que desviaban el agua hacia los molinos que se encuentran en cada margen del río (fotografías 78-81).

Fotografía 80: Vista del azud del margen izquierdo del río Segura (II). ©MURIiNG

Fotografía 81: Vista del azud del margen derecho del río Segura (II). ©MURIiNG

Azud. 2.Barrera hecha en los ríos con el fin de facilitar el desvío de parte del caudal para riego y otros usos.

¡Curiosidad sobre la palabra **azud** !

¿Sabías que *azud* se recoge en el primer diccionario de la Real Academia Española
(*Diccionario de Autoridades*, 1726)
como voz arábica propia de Murcia y de otras regiones?

'AZUD. f.f. El princípio de la azéquia, ù de la presa de agua que fe faca de un rio, para repartirla y regar los fembrados, prados, ò huertas. Llámafe afsi en los Réinos de Aragón, Murcia, Valencia y otras partes. En las Andalucías fe le añáde à efta palabra la vocal A, y dicen azúda. Es voz Arábiga, que viene de *Zud*, que fignifica regadéra. Lat. *Aquarii fepti pars quædam, è qua elices exeunt ad tranfmittendas aquas.*

Ilustración 33	Entrada *azud* en el *Diccionario de Autoridades* R/23571 V.1. BDH de la BNE

Si hay un lugar en Murcia por el que se suele pasear, correr o montar en bicicleta es la *mota* del río Segura (fotografías 82 y 83), es decir, por la elevación natural que se forma por sedimentación a ambos márgenes del río.

Según los diccionarios etimológicos, esta palabra es de origen incierto.

Fotografía 82: Mota del margen izquierdo del río a la entrada a la ciudad (I). ©MURIiNG

Fotografía 83: Mota del margen izquierdo del río a la entrada a la ciudad (II). ©MURIiNG

¿Qué dice el *DRAE* de la palabra **mota**?

Mota. 6. Elevación en el terreno de poca altura, natural o artificial, que se levanta sola en un llano.

Si hay otro lugar por el que se suele caminar, correr, etc. es el **malecón** (fotografías 84, 85 y 86).

Se encuentra ubicado junto al margen izquierdo del río. Se construyó en el siglo XV para ser el muro de contención del río y sus crecidas.

El paso del tiempo fue deteriorándolo y se reconstruyó en el siglo XVIII.

Al igual que *mota*, los diccionarios etimológicos le dan un origen incierto.

Fotografías 84: Vista de la entrada al Paseo del Malecón. Fuente: Turismo de Murcia. Paseo del Malecón: de muralla defensiva a un recorrido lleno de historia.

Fotografías 85: Vista general del Paseo del Malecón. Fuente: Turismo de Murcia

Fotografías 86: Portada del Huerto de las Bombas en el interior del Jardín Botánico del Paseo del Malecón. © MURIiNG

Malecón

1	Murallón o terraplén que se hace para defenderse de las aguas.
2	Rompeolas (|| dique avanzado en el mar)
3	*Cuba, Ecuador y República Dominicana*. Paseo que corre paralelo a la orilla del mar o de un río.

Diccionario de la lengua española

Hay muchos malecones repartidos por el mundo: Cádiz, La Habana, Guayaquil, Santo Domingo, Lima, Mazatlán, etc. (Pedraza, 2015); si bien, el de Murcia aúna dos rasgos que lo diferencian de la mayoría:

- es un malecón de **río** y
- tiene la escultura del **León del Malecón** (fotografía 87), lindando con el margen izquierdo del río.

La escultura no es la original, pero la representa fielmente (el original se encuentra en el Museo de la Ciudad). En el pedestal hay una inscripción que conmemora la restauración del Malecón en 1776 (fotografía 88).

Fotografía 87: Escultura del León del Malecón. ©MURliNG

SE REEDIFICO ESTA PARED Y
ENTRADA DEL MALECÓN
SIENDO CORREGIDOR Y CAPI-
TÁN A GVERRA DE ESTA
CIVDAD EL S. D. JOACHIN DE
PAREJA Y OBREGÓN [...] AÑO
1776

Fotografía 88: Inscripción en el pedestal de la escultura del León del
Malecón. ©MURliNG

¿Conocer más sobre el Malecón y su león?

"León del Malecón. Escultura conmemorativa a modo de 'triunfo', ubicada en 1776 como remate del pretil del muro de contención de las aguas del Segura". Museo de la Ciudad (Ayuntamiento de Murcia):

<https://goo.su/Up9pdu>

"Paseo del Malecón: de muralla defensiva a un recorrido lleno de historia", Turismo de Murcia:
<https://www.turismodemurcia.es/es/paseo-del-malecon>

<https://www.turismodemurcia.es/es/paseo-del-malecon>

9

Alma mater ('madre nutricia')

Localización

Palacio Almudí en la calle Plano de San Francisco

Barrio

San Pedro

Temática

El murciano: variedad del español que ha acogido en su historia a otras lenguas y dialectos

Localización del punto 9

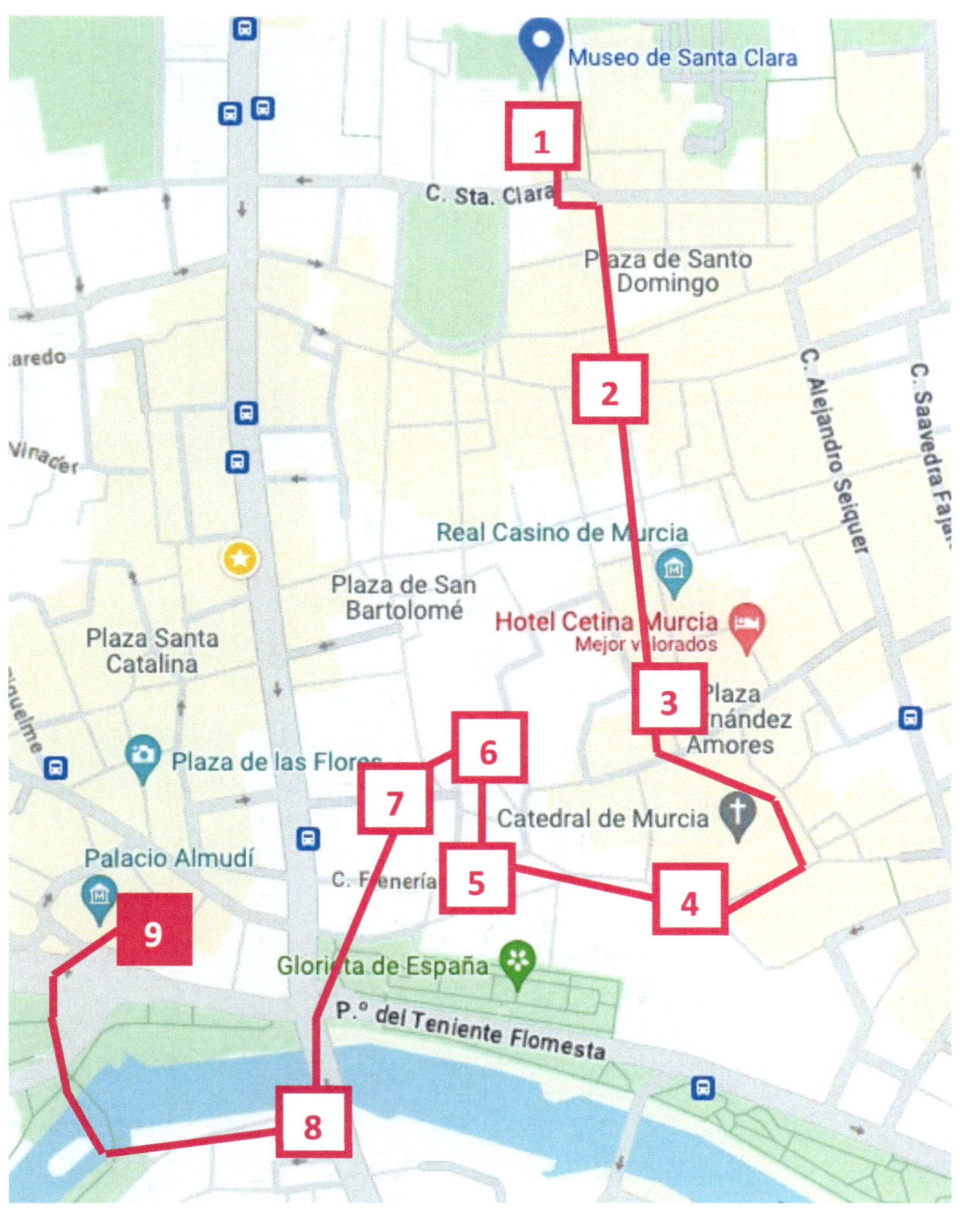

Fotografía 89: Fachada del Palacio del Almudí. ©MURIiNG

■ Punto final

El último punto de la ruta lingüística se encuentra en el **Palacio Almudí** (fotografía 89) –antiguo edificio del **Pósito de trigo** o **grano** de la ciudad de Murcia–, al que se accede tras pasar el puente de Manterola (fotografía 77).

En la fachada del Palacio se halla uno de los emblemas de la ciudad: el **relieve de la Caridad**, conocido también como el relieve de la **Matrona de Murcia**, realizado en 1575 por Hernando de Torquemada (fotografía 90).

Los muy Ilustres Señores Justicia y patrones del pósito del pan mando hazer esta obra siendo Corregidor el Ilustre Cauallero don Pedro de Ribera de Vargas vezino y Regidor de Madrid. Año 1575.

En la actualidad, el Palacio Almudí alberga el Archivo Municipal de Murcia. Desde sus inicios, este archivo se vincula a la fundación del Concejo de la ciudad por Alfonso X el Sabio en 1266.

El Concejo siempre veló por la custodia y la buena catalogación de los documentos que emitía, lo que es una suerte para quienes se dedican a la investigación, pero volvamos al punto exacto de esta ruta: al relieve de la Matrona de Murcia (fotografía 90).

Las **interpretaciones** alegóricas dadas sobre la simbología de este relieve han sido variadas (algunas muy apasionadas y vivas), las cuales van engrosando las páginas de publicaciones y animan el debate sobre este tema. Se ha hablado de una **alegoría** sobre la **hospitalidad**, la **caridad** o el **acogimiento**, como cualidades innatas a la ciudad de Murcia y a sus habitantes; de ahí que, a lo largo de la historia, la interpretación más extendida de este relieve haya sido la siguiente: representa a una madre amamantando a un niño (se supone que no es su hijo) y a su izquierda estaría su hijo.

La inscripción latina que llevan los ángeles del relieve (*La caridad que obligó a su creación, ella misma obligue a su administración*) apoya las interpretaciones de *caridad* y *acogimiento*.

■ ¿Por qué *alma mater*?

Alma mater es una locución latina que significa 'madre nutricia', que provee de alimento y, por lo tanto, transmite la idea de acogimiento; esta ha sido la forma en la que se ha conceptualizado y expresado la idea popularmente.

¿Bibliografía para conocer más sobre las interpretaciones del relieve de la Matrona de Murcia?

Museo de la Ciudad (Ayuntamiento de Murcia): "¿Sabías que el Almudí conserva en su fachada un relieve de la Caridad conocido como la Matrona de Murcia?".

<https://museodelaciudad.murcia.es/Documen-toSim-ple.aspx?m=8&url=¿Sab%C3%ADas+que...Matrona>

■ **Explicación lingüística de *alma mater***

Nuestra interpretación es sencilla y lingüística: utilizamos el concepto de **metáfora** (propuesto por la teoría semántico-cognitiva), pues, en el fondo, las palabras *hospitalidad*, *acogimiento* y *caridad* forman parte de una misma **categorización conceptual**, es decir, de una red semántica con límites difusos de significado entre esas palabras.

Además, refuerza esta idea el hecho de que el **murciano** *ha amamantado y acogido* fuentes árabes, aragonesas, catalanas, castellanas (principalmente en el nivel léxico) y rasgos fonéticos que comparte con las otras hablas meridionales (extremeño, andaluz y canario).

Son influencias que han penetrado, asimilado y quedado en la escritura y en el habla murciana, y conforman los rasgos o caracterizadores dialectales de la variedad murciana del español, lo que le confieren una fuerte personalidad.

Se iniciaba la ruta en un punto en el que se leía y veía un paisaje lingüístico de origen árabe (*acequia*), y se finaliza en un lugar que pivota sobre otra palabra de origen árabe: *almudí*.

"El murciano tiene personalidad lingüística y es una variedad dialectal del español que, a lo largo de su historia, ha recibido influencias de otras lenguas y dialectos".

(MURliNG)

En el primer tomo del *Diccionario de Autoridades* (1726), se recoge la voz **almudí,** que es sinónima de otra palabra árabe: **alhóndiga.**

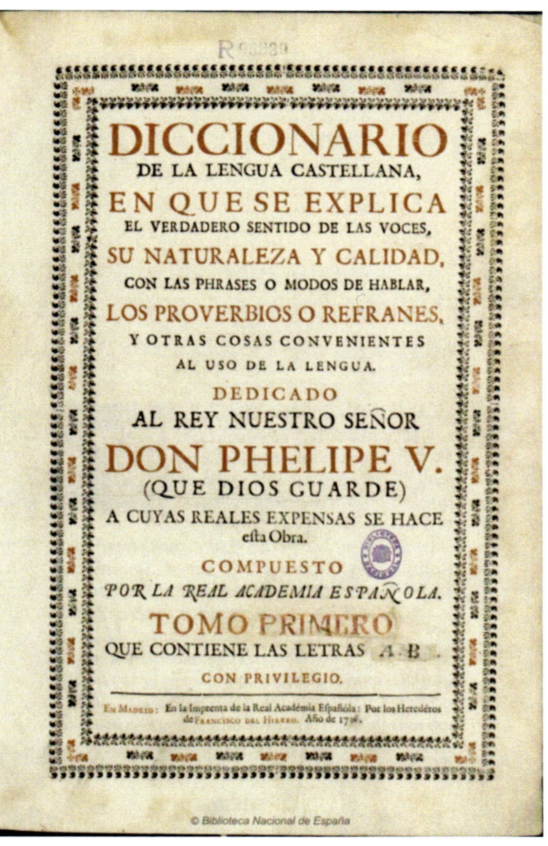

Ilustración 34: Portada del *Diccionario de Autoridades* (RAE) Biblioteca Nacional de España: R/23571 V.1 BDH de la BNE

ALMUDI. f. m. Significa Pósito de granos. Es voz usada en los Réinos de Aragón, Murcia, y Valencia, y formada del nombre Almúd. Lat. *Hor-*

ALHONDIGA. f. f. Casa pública donde se guarda el trigo de alguna Ciudad, ò Pueblo grande, para assegurar su abasto. Es voz Arabe segun Aldrete, Tamarid, Urréa, Alcalá, y Covarr. que en su origen es *Fondaque*, y añadido el artículo Al se dixo Alfondaque, y luego mas corrompido Alfóndiga y Alhóndiga, como oy se dice. En muchas partes le llaman Pósito. Lat. *Horrea pu-*

Ilustración 35: Entradas *almudí* y *alhóndiga* en el *Diccionario de Autoridades* (1726)

¡Curiosidad sobre el *Almudí murciano*!

Fue **Alfonso X el Sabio** quien concedió al Concejo de Murcia el Almudí. Lo hizo en el *Privilegio Rodado* fechado el 9 de abril de 1272 (ilustraciones 36, 37).

La historia del **almudí murciano** está llena de cambios y vicisitudes, por ejemplo, el 30 de agosto de 1612 le impactó un rayo, se incendió y se derrumbó gran parte del edificio.

¿Qué dice la documentación alfonsí sobre el Almudí?

Ilustración 36	Fragmento del *Privilegio rodado de Alfonso X confirmando los heredamientos otorgados a sus pobladores* (09-04-1272) (I). AMM, Pergamino 143

E otrossi, tenemos por bien et mandamos q*ue* tod'el trigo et la çeuada et la farina q*ue* se uenda en la villa en aq*ue*l logar.

Ilustración 37	Fragmento del *Privilegio rodado de Alfonso X confirmando los heredamientos otorgados a sus pobladores* (09-04-1272) (II). AMM, Pergamino 143.

o solien los ffravres predicadores morar cerca la puerta nueua, et q*ue* alli sea el Almodi.

¿Conocer más sobre la historia del edificio del Almudí?

"Historia del palacio Almudí", *Región de Murcia Digital*.
<https://n9.cl/l3d4m>

Lexicómetro

de la Ruta lingüística por la

ciudad de Murcia y mucho más...

Cuestionario

■ PUNTO 0: Introducción

Pregunta 0

La ruta lingüística UMURliNG tiene como hilo conductor...

a. el vocabulario, es decir, las palabras.

b. el cauce del río Segura.

c. las lenguas que se hablaron en el pasado.

■ PUNTO 1: Confluencia de lenguas

Pregunta 1

La Gran Vía Alfonso X el Sabio se conoce popularmente con el nombre de

a. Paseo del rey Sabio.

b. Avenida del rey Sabio.

c. Tontódromo.

■ PUNTO 2: Murcia gremial

Pregunta 2

Alfonso X el Sabio trajo a Murcia...

a. la lengua árabe.

b. la lengua castellana.

c. la lengua italiana.

Pregunta 3

El nombre propio de Alfonso X va ligado al sobrenombre "el Sabio" debido a...

a. la procedencia geográfica del rey.

b. las cualidades físicas que distinguían al rey castellano.

c. a las cualidades intelectuales que distinguían al rey castellano.

Pregunta 4

En la ciudad de Murcia hay un códice, es decir, un libro manuscrito (escrito a mano), que contiene la lista de pobladores a los que se les repartía la tierra tras la incorporación del Reino de Murcia a la Corona de Castilla; ese códice se llama el...

a. *Libro del Repartimiento.*

b. *Libro de Repartos.*

c. *Libro de las Donaciones.*

Pregunta 5

Entre los datos de los pobladores que se podían incluir en el *Libro del Repartimiento* se encontraban...

a. el peso y la altura del poblador.

b. los sobrenombres o apodos.

c. los sobrenombres o apodos, junto con el peso y la altura.

Pregunta 6

¿Por qué se llama *becerro* al *Libro del Repartimiento*?

a. Porque se ha producido el fenómeno semántico llamado *metonimia*.

b. Porque se ha producido el fenómeno literario llamado una *alegoría*.

c. Porque se ha producido el fenómeno lingüístico llamado *calco semántico*.

Pregunta 7

La llegada de Alfonso X a Murcia supuso el inicio de la confluencia de varias lenguas, hecho que forma parte de la identidad del murciano. Esa confluencia de lenguas la forman...

a. el árabe, el castellano, el gallego y el catalán.

b. el árabe, el castellano, el vasco y el aragonés.

c. el árabe, el castellano, el catalán y el aragonés.

Pregunta 8

La denominación de la lengua y lenguaje con los gentilicios *castellana, castellano* o *de Castilla* aparece por primera vez...

a. en las obras de Fernando III el Santo (padre de Alfonso X el Sabio).

b. en las obras de Alfonso X el Sabio.

c. en las obras de Sancho IV el Bravo (hijo de Alfonso X).

Pregunta 9

La palabra *acequia* es de origen...

a. árabe hispánico.

b. árabe aragonés.

c. árabe castellano.

Pregunta 10

La acequia que pasa por el primer punto de la ruta lingüística (Gran Vía Alfonso X el Sabio) es...

a. la acequia Caravija.

b. la acequia Aljufía.

c. la acequia Alquibla.

■ PUNTO 2: Murcia gremial

Pregunta 11

Con el nombre *toponimia menor* se hace referencia al...

a. nombre de las calles de la ciudad.

b. nombre de los dueños de los comercios de la ciudad.

c. nombre de los picoesquinas de la ciudad.

Pregunta 12

El nombre de muchas de las calles de Murcia conserva su denominación histórica (Platería, Trapería, Frenería, Organistas, Vidrieros, etc.), nombre con el que se hace referencia al...

a. trazado y diseño de origen árabe.

b. lugar en el que se hacían los préstamos de dinero a cada gremio de artesanos.

c. oficio o gremio artesanal que se desarrollaba en cada calle.

Pregunta 13

Los nombres de las calles Trapería, Platería, Frenería, Jabonerías, Organistas, Vidrieros, Yesqueros, Alfareros, Turroneros y Carniceros se han creado por...

a. prefijación, es decir, por la adición de un sufijo (*-ero, -ería, -ista*) a una palabra que ya existía en la lengua.

b. sufijación, es decir, por la adición de un sufijo (*-ero, -ería, -ista*) a una palabra que ya existía en la lengua.

c. interfijación, es decir, por la adición de un sufijo (*-ero, -ería, -ista*) a una palabra que ya existía en la lengua.

Pregunta 14

Hubo un tiempo en el que las palabras *trapo* y *paño* fueron sinónimas y los vendían los mercaderes y traperos en la calle Trapería, pero con el paso del tiempo la voz *trapo* adquirió un significado menos sofisticado (por ejemplo, trapo para limpiar); a este cambio se le denomina...

a. especialización semántica.

b. especialización morfológica.

c. especialización sintáctica.

■ PUNTO 3: Palabras testigos de la historia

Pregunta 15

Con motivo de la riada de Santa Teresa (ocurrida el 15/10/1879) se publicaron varios periódicos que dieron a conocer la triste noticia al mundo; entre ellos se destacan uno publicado en Murcia y otra en París:

a. *El Diario de la Región* y *Paris Match.*

b. *El Diario de la Huerta de Murcia* y *La Solidarité.*

c. *El Diario de Murcia* y *Paris-Murcie.*

Pregunta 16

Las alabanzas, aclamaciones o aplausos que se escribían en las paredes de algunos edificios con motivo de los logros académicos, religiosos o de cualquier otra índole reciben el nombre de...

a. vítor o víctor.

b. alirón.

c. vivas.

Pregunta 17

El vítor se representa por un anagrama que puede tener diferentes formas y está compuesto por las letras de la palabra *vítor* o *víctor*, pero puede ir acompañado...

a. del nombre de la persona a la que se le hacía el vítor y del que lo escribía.

b. del nombre de la persona a la que se le hacía el vítor, de palabras o textos breves.

c. del nombre y dibujo de la persona a la que se hacía el vítor.

Pregunta 18

En la actualidad, pueden verse y leerse algunos vítores en el primer cuerpo de la torre de la Catedral y en el claustro de la Facultad de Derecho de la Universidad de Murcia (estos últimos, más recientes y rememoran la tradición universitaria salmantina). Los vítores más conocidos de la ciudad de Murcia estaban en...

a. la fachada del Palacio del Marqués de los Vélez (derribado en 1937 para dar paso a la Gran Vía Alfonso X el Sabio).

b. en la fachada de los baños árabes de la calle Madre de Dios (derribados en 1953 para dar paso a la Gran Vía Escultor Francisco Salzillo).

c. en la fachada principal del edificio del Contraste de la Seda (derribado en 1923).

Pregunta 19

En la torre e imafronte de la catedral hay dos textos prescriptivos, que muestran cómo eran algunas de las grafías que se utilizaban en épocas pasadas e, incluso, algunos rasgos de la lengua oral en la escritura. En ellos se dice que está prohibido tirar basura y orinar "en todo el lámbito" de la catedral. ¿Recuerdas cómo se llama el proceso que se da en "el lámbito?

a. Proceso fonético-sintáctico, que evidencia el influjo de la lengua hablada sobre la escrita.

b. Proceso morfosintáctico, que evidencia el influjo de la lengua hablada sobre la escrita.

c. Proceso léxico-semántico, que evidencia el influjo de la lengua hablada sobre la escrita.

▪ PUNTO 4: La herencia murciana al Humanismo

Pregunta 20

En el exterior de la Capilla de la familia Junterón de la catedral hay una lápida que dice así: "DE IVNTER / RON ES". La posición del verbo "es" al final de la oración es un rasgo propio de la influencia...

a. castellana.

b. helenizante.

c. latinizante.

▪ Pregunta 21

Francisco Cascales utilizó palabras dialectales en su obra *Cartas philologicas* (1634), entre ellas está *balamido*, que ha experimentado una ampliación semántica, es decir, un nuevo significado en la variedad dialectal murciana:

a. 'Ruido que hace el ganado a su paso por la ciudad'.

b. 'Ruido que hacen las aguas a su paso por la ciudad'.

c. 'Ruido que se genera cuando varias personas hablan a la vez'.

Pregunta 22

Según el *Diccionario de la lengua española* de la Real Academia Española, la palabra *cauza* ('caja de esparto donde se incuba el huevo del gusano de seda') es...

a. castellana.

b. helenizante.

c. latinizante.

▪ PUNTO 5: El barroco del español

Pregunta 23

La disciplina que se ocupa del origen, significado, forma y evolución de las palabras se llama...

a. Lexicología.

b. Etimología.

c. Semántica.

Pregunta 24

A los acortamientos, diminutivos o variantes que se producen en los nombres propios como designación afectiva, familiar o cariñosa (*Fuensanta > Santi*; *Antonio > Toni*, etc.) se les llama...

a. hipocorísticos.

b. patronímicos.

c. antropónimos.

Pregunta 25

La historia de la escritura está llena de abreviaturas. Los signos que se utilizaban para señalar el lugar en el que se realizaba la abreviatura fueron, principalmente:

a. las letras voladas, el punto y la lineta.

b. las letras voladas, los dos puntos y la lineta.

c. las letras voladas, el asterisco y la lineta.

Pregunta 26

A la lineta, como signo de abreviatura, se la llama también...

a. almohadilla.

b. seguidilla.

c. virgulilla.

■ PUNTO 6: Palabras de origen árabe

Pregunta 27

La palabra *azucaque* ('callejón estrecho, escondido y sin salida') es de origen...

a. castellano.

b. árabe.

c. catalán.

Pregunta 28

La palabra *azucaque* es...

a. un dulce árabe.

b. un callejón estrecho.

c. una flor.

Pregunta 29

La inscripción con el nombre del callejón de Azucaque cincelado en el pi-coesquina del Palacio Fontes muestra...

a. la letra *ene* epentética.

b. la letra *ene* protética.

c. la letra *ene* invertida.

Pregunta 30

La palabra *azucaque* está muy vinculada tanto por su significado como por su etimología con...

a. adarve.

b. azarbe.

c. ejarbe.

■ PUNTO 7: Vocabulario gastronómico murciano

Pregunta 31

La gastronomía murciana forma parte de su identidad cultural. El paisaje lingüístico expuesto en la pizarra exterior de la bodega Los Zagales nos regala tapas y postres muy murcianos. ¿Cuáles son típicamente murcia-nos?

a. Paparajotes, michirones, marineras y zarangollo.

b. Michirones, bacalao rebozado, paparajotes y zarangollo.

c. zarangollo, paparajotes, callos y salchicha.

Pregunta 32

En Murcia a la coliflor se nombra también...

a. brócoli.

b. alcaucil.

c. pava.

Pregunta 33

La palabra *zarangollo* se recogió por primera vez en...

a. 1739 en el *Diccionario de Autoridades* de la Real Academia Española.

b. 1788 en el *Diccionario castellano con las voces de ciencias y artes* de Esteban Terreros y Pando.

c. 1846 en el *Nuevo diccionario de la lengua castellana* de Vicente Salvá.

■ PUNTO 8: Un río de palabras

Pregunta 34

A la barrera o presa pequeña construida en los ríos para elevar el nivel del agua y derivarla hacia las acequias o molinos se la llama...

a. azarbón.

b. brazal.

c. azud.

Pregunta 35

A la elevación natural que se forma por sedimentación a ambos lados del río se llama...

a. mota.

b. malecón.

c. corrental.

Pregunta 36

El primer diccionario de la Real Academia Española (*Diccionario de Autoridades*, 1726-1739) recoge como voz propia de Murcia...

a. acequiaje.

b. azud.

c. azarbeta.

■ **PUNTO 38: *Alma mater***

Pregunta 37

La palabra *almudí* ('pósito de grano') es de origen árabe y sinónima de...

a. órdiga.

b. alhóndiga.

c. túrdiga.

Pregunta 38

Alma mater significa 'madre nutricia' y es una locución...

a. latina.

b. italiana.

c. castellana.

Pregunta 39

Fue Alfonso X quien concedió al Concejo de Murcia el Almudí; lo hizo en un Privilegio...

a. Real.

b. Remunerado.

c. Rodado.

Pregunta 40

La denominación de *lenguaje de Castilla* o *lenguaje castellano* aparece por primera vez en las obras de...

a. Fernando III, el Santo.

b. Alfonso X, el Sabio.

c. Sancho IV, el Bravo.

Respuestas

197

■ Pregunta 0

a. El vocabulario, es decir, las palabras

■ Pregunta 1

c. Tontódromo

■ Pregunta 2

b. La lengua castellana

■ Pregunta 3

c. Las cualidades intelectuales que distinguían al rey castellano.

■ Pregunta 4

a. *Libro del Repartimiento*

■ **Pregunta 05**

b. Los sobrenombres o apodos

■ **Pregunta 6**

a. Porque se ha producido el fenómeno semántico llamado *metonimia*.

■ **Pregunta 7**

c. El árabe, el castellano, el catalán, el aragonés

■ **Pregunta 8**

b. en las obras de Alfonso X el Sabio

■ **Pregunta 9**

a. Árabe hispánico

■ **Pregunta 10**

b. La acequia Aljufía

■ **Pregunta 11**

a. Nombre de las calles de la ciudad

■ **Pregunta 12**

c. Oficio o gremio artesanal que se desarrollaba en cada calle

■ **Pregunta 13**

b. Sufijación, es decir, por la adición de un sufijo *(-ero, ería, ista)* a una palabra que ya existía en la lengua.

■ **Pregunta 14**

a. Especialización semántica

■ **Pregunta 15**

c. El *Diario de Murcia* y *Paris-Murcie*

Pregunta 16

a. Vítor o víctor

Pregunta 17

b. Del nombre de la persona a la que se le hacía el vítor y de palabras o textos breves.

Pregunta 18

c. En la fachada principal del Contraste de la Seda (derribado en 1923).

Pregunta 19

a. Proceso fonético-sintáctico, que evidencia el influjo de la lengua hablada sobre la escrita.

Pregunta 20

c. Latinizante

Pregunta 21

b. 'Ruido que hacen las aguas a la ciudad por la ciudad'.

Pregunta 22

a. Castellana

Pregunta 23

b. Etimología

Pregunta 24

a. Hipocorísticos

Pregunta 25

a. Las letras voladas, el punto y la lineta

Pregunta 26

c. Virgulilla

Pregunta 27

b. Árabe

Pregunta 28

b. Un callejón estrecho

Pregunta 29

c. La letra *ene* invertida

Pregunta 30

a. Adarve

Pregunta 31

a. Paparajotes, michirones, marineras y zarangollo

Pregunta 32

c. Pava

Pregunta 33

b. 1788 en el *Diccionario castellano con las voces de ciencias y artes* de Esteban Terreros y Pando.

Pregunta 34

c. Azud

Pregunta 35

a. Mota

Pregunta 36

c. Azud

Pregunta 37

b. Alhóndiga

■ **Pregunta 38**

a. Latina

■ **Pregunta 39**

c. Rodado

■ **Pregunta 40**

b. Alfonso X, el Sabio.

<h1 style="text-align:center">Recursos y bibliografía</h1>

©MURliNG

■ Conferencias, entrevistas y programas divulgativos

Provencio Garrigós, Herminia (2021): "El murciano". Sección: *Ciencia cotidiana: Lingüística* o a partir del minuto 18:18 del programa completo. *LaboratoriUM*, 5.

<https://www.youtube.com/watch?v=gncxo6jwLJg>

Provencio Garrigós, Herminia (2021): "Paisaje lingüístico de la ciudad de Murcia". Conferencia en el *Seminario: Las variedades lingüísticas en suelo hispánico*. Murcia, 17 al 22 de noviembre. Facultad de Letras. Universidad de Murcia.

Provencio Garrigós, Herminia (2022): "Divulgando el habla murciana en un piepava". Conferencia del ciclo *La UMU y la cultura científica* (Sala de Ámbito Cultural de El Corte Inglés).
<https://l1nq.com/L24Tr>

Puche Lorenzo, Miguel Ángel: "Fuentes históricas para el estudio del léxico murciano". Ciclo *Variación diatópica en la historia del léxico español*. A partir minuto 34:00.
<https://www.youtube.com/watch?v=y0EPWhG0spU)>

■ Selección bibliográfica para conocer mucho más

Abad Merino, Mercedes (2000): *Las hablas murcianas en la obra de José Muñoz Garrigós, Revista de investigación lingüística*, 3/2, 9-30.

Abad Merino, Mercedes (en prensa): "La variación gramático-léxica del español murciano", en M. Díaz-Campoy, y J. M. Hernández-Campoy: *Enciclopedia concisa de los dialectos del español (ENCODES)*. Wiley-Blackwell. Hoboken (Nueva Jersey).

Abad Merino, Mercedes (2021): "Percepción de la diversidad dialectal murciana y prejuicios lingüísticos en un artículo costumbrista del siglo XIX español", en Carmen Marimón, Isabel Santamaría (eds.), *Ideologías lingüísticas: debates, purismos y estrategias discursivas*. Berlín: Peter Lang, pp. 25-46.

Aliaga, José Luis (1999): "La crítica pionera del diccionario académico: el Manuscrito sobre las voces murcianas (1888) de E. Saavedra", *Nueva Revista de Filología Hispánica*, XLVII, 2, 329-361.

Ayala Manrique, Juan Francisco (1693): *Tesoro de la lengua castellana, en que se añaden muchos vocablos, etimologías y advertencias sobre el que escrivio el doctíssimo Don Sebastian de Cobarruvias*. Tomo primero [Manuscrito]. / *escrívela don Juan Francisco de Ayala Manrique (1693-1729). Manuscrito 1324*.
<http://bdh-rd.bne.es/viewer.vm?id=0000038158&page=1>

Castillo Lluch, Mónica y Sáez Rivera, Daniel M. (2011): "Introducción al paisaje lingüístico de Madrid", *Lengua y Migración*, 3/1, 73-88.

Castillo Gómez, Antonio y Sierra Blas, Verónica (2019), (eds.): *Alcalá, ciudad escrita: del Renacimiento a nuestros días: [catálogo de la exposición]*. Alcalá de Henares, Universidad de Alcalá.
<https://ebuah.uah.es/dspace/bitstream/handle/10017/38530/Alcala_SIECE_2019.pdf?sequence=4&isAllowed=y>

Corominas, Joan (1991) [2000]: *Breve diccionario etimológico de la lengua castellana*. Madrid: Gredos.

Delmuro Javier (2021): *Imágenes antiguas de Murcia. Historia* (edición ampliada). Murcia: Diego Marín Librero-Editor.

Fernández Molina, Faustino (2008): *Visita a la Catedral de Murcia*. Murcia: Novograf.

García Díaz, Isabel (2016): "Evolución de la ciudad de Murcia y su Concejo". M.ª Ángeles Jover Carrión (dir.): *Catálogo de la exposición El Concejo de Murcia, 1266-2016*. Murcia: Ayuntamiento de Murcia.

García Soriano, Justo (1932): *Vocabulario del dialecto murciano. Con estudio preliminar y un apéndice de documentos regionales*. Madrid: C. Bermejo, Impresor.

Gómez Ortín, Francisco Javier (2004): "El dialecto murciano y sus variedades", *Tonos digital: Revista electrónica de estudios filológicos*, 8.

<https://www.um.es/tonosdigital/znum8/portada/monotonos/03-GORTIN.pdf>

González Soriano, Pascual (2022): *Aquella Murcia que perdimos. Patrimonio histórico (1906-2020). Los primeros derribos (1906-1933). Historia, anécdotas, fotografías, textos literarios, noticias de prensa, etc... de una Murcia que ya no existe*. Murcia: Diego Marín Librero-Editor. S.L.

Hernández- Mogollón, José Manuel; Di-Clemente, Elide; López Guzmán, Tomás (2015): "El turismo gastronómico como experiencia cultural. El caso práctico de la ciudad de Cáceres (España)", *Boletín de la Asociación de Geógrafos Españoles*, 68, 407-427.

Landry, Rodrigue y Bourhis, Richard Y. (1997) Linguistic landscape and ethnolinguistic vitality: an empirical study, *Journal of Language and Social Psychology*, 16, 23-49.

Lozano Arribas, José Miguel (2015): "Grafios históricos (16). Dos turistas dieciochescos en Tarragona", *Rinconete. Centro Virtual Cervantes*.

<https://cvc.cervantes.es/el_rinconete/anteriores/mayo_13/08052013_01.htm>

Ortega Pagán, Nicolás; Ortega Lorca, Nicolás; Ortega Lorca, José (1973). *Callejero murciano*. Murcia: Nogués.

Moliner, María (1994): *Diccionario de uso del español*. Madrid: Gredos.

Muñoz Garrigós, José (1996): "El murciano", en Manuel Alvar (coord.), *Manual de dialectología hispánica. El español de España*. Madrid: Ariel. 151-161

Muñoz Garrigós, José (2008): *Las hablas murcianas, trabajos de dialectología*. (Edición y estudio de Mercedes Abad Merino). Murcia: Servicio de Publicaciones.

Pedraza, Jacobo (2015): "Diez malecones americanos. De La Habana a Montevideo, paseos junto al agua para ver y ser visto", *El viajero. El País*.

<https://elpais.com/elviajero/2015/12/10/album/1449760835_233234.html>

Pérez Conesa, Joaquín (1998): *Cocinar con una pizca de ciencia. Procesos culinarios*. Murcia: IJK.

Prieto García-Seco, David (2020): "Tontóndromos", *Rinconete. Centro Virtual Cervantes*.

<https://cvc.cervantes.es/el_rinconete/anteriores/julio_20/22072020_01.htm>

Pons Rodríguez, Lola (2012). *El paisaje lingüístico de Sevilla. Lenguas y variedades en el escenario urbano hispalense*. Sevilla: Diputación de Sevilla.

<http://lolapons.es/wp-content/uploads/2019/12/Pons_Rodriguez_2012_Paisaje_Linguistico_Sevilla.pdf>

Puche Lorenzo, Miguel Ángel (2012): "El léxico de la vida cotidiana en la Murcia áurea", *Cuadernos del Instituto Historia de la Lengua,* VII, 265-285.

Puche Lorenzo, Miguel Ángel (2017): "El léxico de los inventarios de bienes murcianos o sobre préstamos, dialectalismos y neologismos en la vida cotidiana", *Palabras. Vocabulario. Léxico. La lexicología aplicada a la didáctica y a la diacronía*. Venezia, Edizioni Ca'Foscari, 283-298.

Real Academia Española (2010): *Ortografía de la lengua española*. Madrid: Espasa Libros.

Real Academia Española: *Diccionario de la lengua española*, 23.ª ed., [versión 23.7 en línea].

<https://dle.rae.es>

Ruiz Marín, Diego (2000): *Vocabulario de las hablas murcianas*. Murcia: Diego Marín, Librero-Editor.

Sevilla, Alberto (1919). *Vocabulario murciano precedido de una introducción*. Murcia: Sucesores de Nogués.

<https://archive.org/details/vocabulariomurci00seviuoft>

Torrens Álvarez, M.ª J. (1995). "La interpretación de las abreviaturas en textos romances medievales: problemas lingüísticos y textuales". *Signo. Revista de historia de la cultura escrita*, 2, 19-28.

<https://ebuah.uah.es/dspace/bitstream/handle/10017/7472/interpretacion_torrens_SIGNO_1995.pdf?sequence=1&isAllowed=y>

Torres Oñate, Francisco; Romero Fierro; Josué; Fernanda Viteri, María (2017-2018): "Diversidad gastronómica y su aporte a la identidad cultural", *Revista de comunicación de la SEECI*, XXI/44. 1-13.

Vivancos Mulero, M.ª Esther (2012): *Las hablas murcianas: bibliografía comentada*. Murcia: Compobell.

Vlvancos Mulero, M.ª Esther (2020): "Voces murcianas documentadas en inventarios de bienes almerienses de los siglos XVI y XVII". *Estudios Humanísticos. Filología*, n.º 42, pp. 145-159.

Índice de abreviaturas

AGRM	Archivo General de la Región de Murcia
AMMU	Archivo Municipal de Murcia
AHRMU	Archivos Históricos de la Región de Murcia
BDH	Biblioteca Digital Hispánica
BNE	Biblioteca Nacional de España
BVPB	Biblioteca Virtual del Patrimonio Bibliográfico
CHS	Confederación Hidrográfica del Segura
DHLE	*Diccionario Histórico de la Lengua Española*
DLST	Digital Library of Old Spanish Texts
DLE	*Diccionario de la lengua española*
DRAE	*Diccionario de la Real Academia Española*
HSMS	Hispanic Seminary of Medieval Studies
IES	Instituto de Educación Secundaria
MSS	Manuscrito
RAE	Real Academia Española
RBMED	Real Biblioteca del Monasterio de El Escorial Digital

<https://bit.ly/archivomunicipalmurcia>

PUNTO 2: Murcia gremial

<bit.ly/libroprivilegiosmurcia>

<bit.ly/planocentrohistoricomurcia>

<https://acortar.link/1KY8UG>

<https://acortar.link/xPqgch>

<https://acortar.link/KMVltM>

PUNTO 3: Palabras: testigos de la historia

<https://acortar.link/dXkbDX>

< https://acortar.link/YzoJFD >

<https://acortar.link/7DWa7x>

PUNTO 4: La herencia del Humanismo

<https://acortar.link/66YHKN>

<https://acortar.link/5sDfWf>

<https://acortar.link/5sDfWf>

PUNTO 8: Un río de palabras

<https://acortar.link/KMVltM>

PUNTO 9: *Alma mater*

<https://acortar.link/AGzgKC>

<https://acortar.link/KMVltM>

Índice de fotografías

PUNTO 2: Murcia gremial

<https://acortar.link/q3b1bW>

PUNTO 3: Palabras: testigos de la historia

PUNTO 4: La herencia del Humanismo

PUNTO 5: El barroco del español

PUNTO 6: Palabras de origen árabe

PUNTO 7: Vocabulario gastronómico murciano

<https://acortar.link/G95j9l>

<https://ruralmur.com/articulo/534/cascaruja>

<https://www.turismodemurcia.es/es/recetas-de-murcia>

PUNTO 8: Un río de palabras

<https://www.turismodemur-
cia.es/es/paseo-del-malecon>

<https://www.turismodemur-
cia.es/es/paseo-del-malecon>

PUNTO 9: *Alma mater*

* * *

Índice de gráficos, tablas y
tira humorística

■ Gráficos

PUNTO 3: Palabras: testigos de la historia

< https://www.um.es/web/universidad/docto-
res-honoris-causa>

PUNTO 4: La herencia del Humanismo

■ Tabla

PUNTO 1: Confluencia de lenguas

■ Tira cómica

PUNTO 5: El Barroco del español

<https://www.tebeosfera.com/autores/san-
chez_baena_manuel.html>

Índice de localizaciones de los nueve puntos de la Ruta

Fotografía 91: Miembros del grupo de
Transferencia y Divulgación Científica ©MURliNG